国别与区域研究之喜马拉雅研究专项资金资助出版
国家社科基金重大招标项目"近代以来域外中国藏学研究
经典整理与研究"（项目号：14ZDB1152）阶段性成果

于道泉评传

白林海 著

陕西师范大学出版总社

图书代号　ZZ22N1820

图书在版编目（CIP）数据

于道泉评传 / 白林海著. —西安：陕西师范大学
出版总社有限公司，2022.12
　ISBN 978-7-5695-2762-9

Ⅰ . ①于… Ⅱ . ①白… Ⅲ . ①于道泉—评传
Ⅳ . ①K825.81

中国版本图书馆 CIP 数据核字（2021）第 262658 号

于道泉评传
YUDAOQUAN PINGZHUAN

白林海　著

责任编辑	杨　凯	
责任校对	曾学民	
封面设计	鼎新设计	
出版发行	陕西师范大学出版总社	
	（西安市长安南路199号　邮编 710062）	
网　　址	http://www.snupg.com	
经　　销	新华书店	
印　　刷	西安日报社印务中心	
开　　本	787 mm × 1092 mm　1/16	
印　　张	10.5	
字　　数	260千	
版　　次	2022年12月第1版	
印　　次	2022年12月第1次印刷	
书　　号	ISBN 978-7-5695-2762-9	
定　　价	52.50元	

读者购书、书店添货或发现印刷装订问题，请与本社高等教育出版中心联系。
电　话：(029) 85303622 (传真)　85307826

前　言

　　学术史是历史学科建设和发展的一个重要组成部分。梳理学术史也是明晰学术传承脉络、廓清学术传统、把握学术发展动态和了解学术发展趋势的方式之一。学科的兴起、学术的发展和进步固然与新资料的发现、方法与技术的创新密不可分，而人尤其是具有承启意义的人，却是关键所在。重要学人的思想和观点以及其所倡导的方法和论断，影响着学术研究的传统，甚至引领学术发展的新风向。因此，从一定程度上讲，学术史即学人史。以关键学人为线索，以其学术思想和方法的传承与创新为基点，结合社会和历史的整体境况，在全面了解学人的基础上，以期对学科学术状态获得清晰透彻的把握，已渐成学术史研究的趋势之一，也是一种新的选择。

　　就中国藏学研究而言，通论性的学术史概述方面，有拉巴平措、格勒、次旺俊美等人的著述，而以王尧、王启龙、邓小咏等人合著的《中国藏学史》为代表；学人传记和学术评传方面，所涉及的藏学人物有法尊法师、任乃强、更敦群培等人。这些学者在中国藏学发展史上都有着重要地位。然而，对中国现代藏学学科奠基者之一于道泉的系统研究却是付之阙如。

　　于道泉（1901—1992），又名伯源或伯原，汉族，山东省青州府临淄县（今山东省淄博市临淄区）葛家庄人，曾任中国语言学会理事、中国民族语言学会理事、中国世界语协会理事、中国民间文学研究会理事、北京市海淀区社会福利基金会名誉副会长等职务。一生不求显达，但求学有专攻、教有所用。于道泉集文学、史学、考据学、目录学、语言学、藏学、翻译学、佛学、辞书学、教育学等研究于一身，是中国现代藏学研究主要开拓者之一。他一生致力于民族语文的研究，特别是在中国藏学发展研究方面的贡献尤为显著。众所周知，在中华人民共和国成立之前，大多数海外学者把藏学研究也叫汉学研究，并且那时藏学研究是以海外为中心。中华人民共和国成立后，在于道泉等老一辈藏学研究先驱者的努力工作下，藏学研究的中心从海外转移到中国本土，藏学研究回到祖国的怀抱。于道泉一生的著述虽不多，但他用广博的学识浇灌了中国藏学莘莘学子，为中国藏学的延续发展奠定了坚实的基础，树立了良好的榜样。因此，无论是从中国现代学术史还是中国藏学史的角度，对于道泉进行评述立传都具有重要的学术价值和现实意义。

白林海

2022年9月

目 录

第一章
青少年时代

第一节　少年时代

1901年10月28日，于道泉诞生在山东省青州府临淄县齐都镇葛家庄（今属山东省淄博市临淄区）。临淄是齐鲁故地，它既是东方文明的发祥地之一，又是中华文化的发源地之一。在悠久的历史文化长河中，这里还诞生了诸多文化巨人，如孔丘、孟轲、墨翟、荀卿、管仲、晏婴、孙膑、鲁班、扁鹊，等等。这些著名的思想家、教育家、政治家、军事家、建筑家、医学家皆汇聚于此，成长于此，造就了那个时代"百花齐放、百家争鸣"的文化盛况，使之成为中国历史上的礼仪之邦。葛家庄前临淄河，背靠鲁山，风景秀丽，民风淳朴。这样美丽的地域环境，孕育了如此灿烂辉煌的文化，哺育着这里勤劳智慧的人民。而于氏又是当地小有名气的书香之家，毋庸置疑，于道泉后来的成就与从小受到家庭的熏陶有着密不可分的联系。

于道泉的祖父是一位思想开放，并且深受齐鲁传统文化影响的开明人士，十分重视后辈的教育问题，即使家道变迁，世道沧桑，也希望后辈子女通过读书树立正气，丕振家声。这位老人深知"欲昌和顺须为善，要振家声在读书；积钱积谷不如积德，买田买地不如买书。""有田不耕仓廪虚，有书不读子孙愚；仓廪虚兮岁月乏，子孙愚兮礼仪疏。"[1]等传统文化之道。因而，供后辈子女求学，对教育的投资从不吝啬。这位可敬可爱的老人，营造了良好家风，既为后辈的学习提供了精神支持和优越的家庭学习环境，又做足了他们求学的后勤保障。有趣的是，老人不仅资助其后辈学习，

---

①张润秀，孙如琨. 增广贤文[M]. 杭州：浙江少年儿童出版社，2011.

并且与之同学习共进步，提高自己的能力和认识。

于道泉的父亲于明信先生（1882—1948），字丹绂，是著名教育家，中国现代教育奠基人之一。这里抄录有关于明信的一段记载：

于明信（1882—1948），18岁举生员补廪生。1910年，山东大学堂师范馆（优级师范前生）史地科毕业后，进京复试授师范科举人。回山东省受聘任为省立青州初级师范校长。……与同盟会员蒋洗凡等人一起创办济南私立正谊中学……在日本早稻田大学学习，1916年，回国后在山东第一师范任校长，后和友人创办"尚学会"，……先后任教济南齐鲁中学和曲阜师范……1948年病故，享年六十有六。[1]

从以上资料可知，于道泉的父亲不仅是我国著名教育家和山东省现代教育的奠基人之一，而且是一位资深的社会活动家。他一身正气，一生以品学立世，家教严谨。于道泉的成长深受父亲求学报国的影响，这为于道泉以后从事教育事业报效祖国奠定了基础。

于道泉的母亲张太夫人（1880—1962）是临淄北丘庄人氏，1880年4月2日出生于张氏门第，张氏之家是临淄一带颇有名气的书香之家。张太夫人聪明文雅，知书达理，毓秀淑娴。于张两姓联姻，算得上门当户对，才子配佳人，至今在临淄地区流传为佳话。他们一生共育有六个子女，于道泉为长子，长女于式玉[2]，二女儿于式金[3]，次子于道源[4]，三女儿于式谷（若木，又名陆华）[5]，四女儿于式坤（又名陆琳）[6]。有这样一位严厉而不断追求进步的父亲和一位慈祥而仁爱的母亲，于道泉兄弟姐妹皆学有所成，为推进中国的社会进步和教育事业发展做出了一定的贡献。

---

[1] 临淄区志编纂委员会.临淄区志[M].北京：国际文化出版公司，1989.
[2] 于式玉（1904—1969），四川师范学院教授，李安宅夫人。
[3] 于式金（生足不详），北京扶轮中学教师。
[4] 于道源，1912年出生于济南，与于道泉感情深厚。在北京大学国文系读书期间，与周达甫、金克木等是同学朋友，学习了西班牙语，并翻译《歌谣论》发表在《歌谣周刊》第21期，又学会世界语，并用世界语翻译了《无线电讲话》。之后投笔从戎，1939年到延安，短期学习后又被派往山东。在八路军115师担任电讯训练班教员，化名江枫，后担任军区电台台长。1948年因深度近视，在一次夜行军中掉队，被敌人杀害，牺牲在前线，年仅36岁。
[5] 于式谷（1919—2006），营养学家，陈云夫人。
[6] 于式坤（1921—2015），又名于陆琳，教育家，中国民办高等教育事业先驱。

祖父遗留下来良好的家风，让于道泉从小在家里就能接受良好的家庭教育和中国优秀传统思想文化的熏陶。特别是在随其父学习国学及日本语言文化过程中，所受到的影响最深。于道泉九岁时，其父进北京城考试后，被清政府授予师范科举人，转任青州初级师范校长。于道泉也随着年龄的增长，开始上高小学习，不仅拓展知识，开阔眼界，而且结交了很多少年朋友。关于于道泉曾在高小学习生活的情况，可以1953年1月10日蒋曰庚先生从济南南关山水沟青云里七号发来的明信片内容为佐证。明信片内容如下：

　　道泉学兄：

　　今有明代名人史可法墨迹一件，想卖两袋面粉钱，北京图书馆是否购此文物？你可否顺便问一问，回一信，兄千万费神！四十年前的小同学蒋曰庚敬礼、拜托，恭候回信①。

于道泉对蒋曰庚来信回信的残稿内容如下：

　　曰庚学兄：

　　去年带领一批在中央民族学院学过藏语的同学到西康实习，在康藏约住半年。回京后，接到从图书馆转来的大札，得悉吾兄近来生活尚不甚宽裕。今用保险寄上十万元，祈查收。自日帝在远东发动战争以来，吾兄（下残）②

蒋曰庚收到钱后，回复：

　　道泉学兄：

　　十万元收到了。在可能范围内忘不了还账。四十年前的小同学，还对弟有深刻印象，实在是一般人中难能可贵的呢！

---

①王尧.平凡而伟大的学者：于道泉[M].石家庄：河北教育出版社，2001：299-300.
②王尧.平凡而伟大的学者：于道泉[M].石家庄：河北教育出版社，2001：299-300.

祝你身体康健！

学弟 蒋曰庚 敬礼，2月15日（弟今年五十七岁）[1]

从以上三封遗札的时间和内容推算，信上所言四十年前即1913年，正是中华民国政府上台执政之初，推行民国教育新理念，把原来清末教育改革所属的高小学堂或私塾馆改为高小学校，在临淄地区普通小学全面执行民国政府1912年颁布的"壬子·癸丑学制"[2]，即初等教育7年，其中初级4年，高级3年。1913年是民国政府新学制的第二年，于道泉刚好12岁，是上高小的年龄，蒋曰庚比于道泉大四五岁而自称学弟，不过是谦称而已。虽然这只是一封普普通通的信件，却满载着于道泉少年时代为人谦和、乐于助人的品质和重情重义的同学情谊。从这几封遗留下来的往来信件中，我们既能了解到于道泉少年时代成长的一些情况，又能从字里行间感受到他勤奋求学、诚实为人的一面。他并不因现在自己地位的改变而忽视故交，这种少年时代所塑造的人格品质，伴随着于道泉的一生。

1916年，年仅15岁的于道泉，考入济南甲种工业学校化学科读书。从他就读于济南甲种工业学校推测，他上的小学也应是高级小学。因为当时山东省职业教育学校分为甲种、乙种和丙种。甲种学校培养方式偏重于基础理论学习，而乙种和丙种则偏重于技能，并且甲种学校常常只招收高级小学学生，以顺应自民国初期以来政府所提出的"振兴实业""实业救国"的建国教育路线，达到促进新型工业兴起的目的。在济南出现了诸如纺纱厂、火柴厂、制革厂、颜料厂、造胰厂等一批具有相当规模的现代工业企业。当时大量的国外资金和科学技术涌入济南，发展当地工业企业，使济南当地的工业企业发展迅猛，急需大量掌握现代知识技术的高素质劳动人才。于道泉所选学的化学学科，就是当时济南化学工业发展所急需的热门专业。于道泉曾说过，他在工业学校里一边学习如何做肥皂之类的化工产品工艺，一边学习一些基础数学、物理和化学，打下理科的基础。在工业学校勤奋学习一年之后，即在16岁的时候，于道泉按照民国时期济南当地的习俗依父亲之命与顾淑惠订婚（他已到相亲的年龄，而父亲于明信则不允许其子女自由恋爱，婚姻之事须经他的同意）。

---

①王尧.平凡而伟大的学者：于道泉[M].石家庄：河北教育出版社，2001：300.
②施宣圆.中国文化辞典[M].上海：上海社会科学院出版社，1987：447.

第二节 青年时代

1919年，中国爆发了震惊中外的"五四运动"。当年，于道泉已18岁。即使于道泉仍在甲种工业学校上学，依据济南习俗也该完成他人生中的第一大喜事。虽然没有具体资料考证于道泉是几月份办的婚事，但我们可以从其长子出生年月（1920年5月12日）和地方民俗①推断其结婚时间大致是1919年秋季。

1920年5月，于道泉的大儿子于培新在济南老宅降生，7月份于道泉从济南甲种工业学校毕业。关于他在济南甲种工业学校就读的历史，我们只能从他珍藏的毕业摄影纪念相片（见图1）中了解一二。相片上方附有年月和姓名，即民国九年七月谊笃同学欢送李君郁亭、李君瑶阶、于君伯源、郑君友琴毕业摄影纪念；相片的背景是老式传统的木质结构房子，前排站着五位同学，中间排站四位同学，后一排站五位同学。从照片中的站位排序看，我们认为极有可能是于道泉和同学们用不一样的方式来纪念刚刚爆发的"五四运动"，而于道泉位列前排，剃光头，身穿长衫，脚穿布鞋，巍然站立，目视前方，神情泰然。

图1 于道泉济南甲种工业学校毕业照

这一年，于道泉第一次站在人生的十字路口上，初为人父的他要做出人生抉择：要么找一份工作，养家糊口，敬奉父母，爱护妻儿，尽自己的一份职责；要么告别父母，离妻别子，考大学继续求学，追求人生中更大的目标。在夫人顾淑惠的坚定支持

①叶涛.山东民俗[M].兰州：甘肃人民出版社，2004：246.

下，于道泉选择了求学，并于当年六月或八月参加齐鲁大学文科入学招生考试。据载，当年于道泉考试科目及各学科的水平程度，各项实验均以六十分为及格，若仅有一项分数不足者，亦在录取之列。由此可见，于道泉考取齐鲁大学并不容易。

齐鲁大学是一所外国基督教差会联合主办的高等学校，隶属设在加拿大多伦多的总部管理理事会（Board of Governors）、英国伦敦的分部和美国纽约的分部以及中国基督教差会董事会（Field Board of Managers），学校各项具体事务由基督教差会的大学评议会负责运行，不受当时中国政府当局的直接管理，教职员工多是外籍人员，且大多数是来华的传教士，他们都具有学士学位、硕士学位和博士学位，并且要求笃信基督教，是虔诚的基督徒，授课语种多为英语，尤其是高级生要具备较强的英语能力，所采取的办学理念和教学方式，均是复制当时西方较为先进的办学理念和教学方式。为了让自己能尽快适应齐鲁大学用英语授课的方式及其教学要求，于道泉在入学缴费之前，先到济南基督教青年会所开设的补习学校学习，为自己正式进入齐鲁大学学习打下了良好的英语基础。

1920年，在家人的支持下，于金秋9月9日，于道泉忍痛离开了心爱的妻子和出生不久的孩子，满怀着希望和责任来到了久负盛名的齐鲁大学注册入学，正式成为齐鲁大学的一名学生。进入文科本科学习，兼学神科和医科。在那里，他既可以继续攻读他在甲种工业学校未尽的化学科目，又可以学西洋史、心理学和社会学等科目。而非王尧所说的："他先在化学系攻读，属于理科；又转而选了文科的美国史和医科的心理学课程；最后又花大力气修习社会学。"①这里我们不妨看一看当时齐鲁大学办学的分科情况：

> 本校分科如左 （一）文科 （附设预科） （二）神科 （三）医科。学校学科有三：曰文学，曰神学，曰医学。②

从齐鲁大学学科分科安排来看，于道泉选的应是文科，并兼修神科和医科，而非首选神科或医科；所属之学科应是文学兼神学和医学，而非理学，但应开设有理学的课程。

---

① 王尧. 平凡而伟大的学者：于道泉[M]. 石家庄：河北教育出版社，2001：301.
② 据齐鲁大学《民国十年最近改正齐鲁大学章程》。

我们可参照有关齐鲁大学1920年至1921年的文科本科生选课及其课程表为证：

　　课程表（文本科）本科，为便利学生起见，将旧日课程表之规定法变更，特定新课程表，使学生得以自选学科之其所选之学科。其间，应有若干科目为主要科，或为次要科。则由学生与其指导人参订学生之课程单，必先经指导人署名，而后始可登录，又若此项选学课程至短之期间，应满三学年（即六学期）。在入第一学年时，每生各选其主要科目，该科之教授，即该生之指导人。在文科本科三年之内，每生当其未毕业之前，必须完毕二十四单位，以均言每学期为四单位。于此项单位中，应规定若干单位为学习宗教学、中文、英文三者之用。此外，每生于其指导人之辅助，再选次要科目二，其一必须自其主要科门中选出；其二可自各门之任一门中选出。[①]

　　从以上齐鲁大学文科本科生选课可以看出，齐鲁大学采用了当时西方较为先进的办学理念，即采取导师负责制和师生协作制。教学管理采取单位（授课时间）制，相当于现今所用的学时制或学分制，目的是使学生在学习过程中拥有更大自主性和相对的制约性。

　　然而，齐鲁大学在学科之下设置"门"类，总共有三门：

　　一 自然门 天文学与算学 生物学 化学 地质学 物理学 二 社会学门 经济学 历史　心理学 宗教学 社会学 三 文学与方言门 中文 英文[②]。

　　这里的"门"即类别，或相当于现今高校里的系或学院，每门又分有几个学科，提供给学生选修，由指导人（指导老师）参与修订学习方案并作指导。

　　若要进一步了解于道泉所修的课程，我们可以参照齐鲁大学本科三年课程的时间分配：

　　必修科 共八单位[③] 宗教学 二单位 英文 三单位 中文 三单位 主要科与次

[①]据齐鲁大学《民国十年最近改正齐鲁大学章程》。
[②]据齐鲁大学《民国十年最近改正齐鲁大学章程》。
[③]这里"单位"相当于现在的"学分"。

要科 现行主要科目 化学 中文 历史 算学 物理学 次要科目 天文学 生物学 化学 中文 经济学 英文 历史 算学 物理学 政治学 心理学 宗教学 社会学。[①]

在这份课程表中，我们知道于道泉必修的科目有宗教学、中文和英文，而从现行主要科目中可以选修化学、中文和历史等，次要科目之中可以选心理学和社会学等。以上科目反映了齐鲁大学始终以宗教教育及影响作为其办学之目的，以实现基督教会办学的初衷。然而，从正面思考齐鲁大学所采用西方先进的教学理念，鼓励其学生跨学科学习，以开阔学生知识视野，拓宽学生知识结构层面，在当时确实有它积极的一面。

可贵的是，在1920年入学时，于道泉就能充分利用齐鲁大学所崇尚的学术自由的西方高等教育资源，在课余时间自学了世界语（Esperanto）。在民族文化交流中，不存在民族文化的入侵现象，世界语对跨语言文化传播能起到积极的作用。因此，胡愈之曾告诫中国学者：苟欲急起直追，应世界之潮流，以冀灌输新思想新科学于我中国，则研究世界语实为当务之急。自1906年前后世界语传入中国，有像蔡元培、钱玄同那样的倡导者，更有鲁迅先生的一贯支持。于道泉自学世界语不到两年的时间，就能把许地山先生的一些散文诗和《空山灵雨》翻译成世界语，寄给当时胡愈之先生在上海主办的世界语期刊《绿光》（Verda Lumo）。胡愈之居然把于道泉的那份世界语译稿刊出来了，并且还热情洋溢地给于道泉回复了一封信，高度赞扬于道泉的译作，并鼓励于道泉多做此类翻译。此外，由于当时许地山和胡愈之两人是文学研究会组织的发起人，相互熟识，都很赏识于道泉。因此，他们又介绍于道泉加入文学研究会，成为会员。

毋庸置疑，掌握了这门世界语，或多或少改变了于道泉的人生轨迹。于道泉不但在同学之间积极开展学习世界语的小组讨论活动，而且在济南接待了日本世界语者小坂狷二，组织了一次世界语者与世界语爱好者的聚会，邀请小坂狷二在齐鲁大学举办了一场世界语演讲，并亲自担任语言翻译。于道泉曾经和上海陈兆瑛先生合编《世界语会话》，帮助越来越多的世界语爱好者学习。故而，我们认为于道泉成了那个时代山东省第一名世界语者，成为中国四位老世界语者之一。在国内他不但与许地山、胡愈之等世界语倡导者通信往来，成为好友，而且还与国际世界语友人进行通信联系。

另外，于道泉也没有放弃学习英文，他运用英文的能力已达到很高的水平，且能阅读大量的国外英文文献，并能翻译国外著作。

---

①据齐鲁大学《民国十年最近改正齐鲁大学章程》。

第二章
北京求学十年

第一节　济南际遇泰戈尔

1924年，于道泉从齐鲁大学毕业，并考取山东省赴美国官费留学，在济南轰动一时，邻里乡亲、亲朋好友、纷纷道贺。然而，正当人们为他欢呼之时，他却断然放弃官费赴美留学的大好机会，把他的父亲于明信老先生惹得勃然大怒，大骂孺子不可教也！并声言断绝其经济上的一切资助，不惜要将其赶出家门。欲以此要挟，让于道泉放弃这一决定。然而，于道泉并不因父亲的不满而改变自己想法，他要追随印度诗圣泰戈尔到印度国际大学学习梵文和研究佛经。有关于道泉放弃官费留美，转而赴印度学习的缘由，有这么一段故事：1924年4月7日，孙中山致函邀请印度诗圣、诺贝尔文学获得者罗宾德拉纳特·泰戈尔访华。4月12日，泰戈尔远涉重洋到达上海，受到上海文学研究会、上海青年会、江苏省教育会、时事新报等机构的热烈欢迎。在近50天的访华行程中，可以说马不停蹄地在北京、上海、南京、济南、杭州、太原、武汉等地巡回讲演。泰戈尔于1924年4月22日抵达济南，下午在省议会演说。23日早晨离开济南，下午7时抵达北京。这极为短暂的一天行程，对于山东济南来说是很幸运的事。为了迎接这位远方到来的诗圣，要做好充分的准备。首先是寻找英语水平极高且又熟悉山东省情的人才。毫无疑问，于道泉作为齐鲁大学的高才生，又刚刚考取山东省官费赴美留学，不但英语运用能力很强，而且还略懂佛学和梵文。因此，济南教育界人士推选他担任此次泰戈尔一行的陪译员自然是最理想的，而且还选择济南佛经流通处作为此次印度文化和山东济南文化交流的接待地点，以便更加友好地拉近主客之间的距离，营造良好的文化交流环境。当日，山东省政要、济南教育界人士和于道泉等，提前在济南火车站恭候这位来自远方的诗圣。当一行人参观到济南的佛经流通处时，诗圣泰戈尔惊讶地发现眼前这位青年竟然能讲一口流利的英语，又能认识梵文，并且对佛经也有所了解。于道泉的才华使这位远方到来的诗圣兼哲学家甚为赞赏。同时，泰戈尔先生建议于道泉来北京找他，由他向北洋政府举荐于道泉，前往泰戈尔亲自创建的印度国际大学留学进修。这次交往，恰如"只给我短短一天的完全的美丽，我将以后的日子来报答你"[①]。谁也无法预料到这位印度圣人的到来，竟会对于道泉的人生产生巨大的影响。据说泰戈尔一行到徐志摩家乡时，人山人海，观者如潮，各校学生数百名齐奏歌乐，群向行礼，颇极一时之盛。泰戈尔一行离开了济南，留下了于道泉的身躯，却把他的心和梦想带走了，他决定也要上北平会见梁启超、沈钧儒、梅兰芳、梁漱溟、齐白石、溥仪等各界遗老名流。北平是东方的历史文化名城，是北洋政府当局在中国的政治、经济、文化中心。当然，也是泰戈尔此行必须去的目的地之一。我们从泰戈尔一行在华活动的日程表[②]中可以看出泰戈尔先生在中国讲学的几十天里，去了许多地方，名胜古迹也看了不少；接触了许多人，做了多次演说。他所接触到的人是多方面的，老少皆有，中外具备，从大清遗老到社会名流，应有俱有。这批人忙忙碌碌了一番，尽了一番地主之谊。当时的主要报章杂志皆发表文章欢迎，并讨论泰戈尔的著作，还附上他的照片。把泰戈尔的作品大量介绍过来，可谓一时洛阳纸贵。那十几天像一场迎神会，从南往北，又从北往南，十分热闹。

　　泰戈尔和于道泉一行，从济南到北京以及离开北京的一段行程，一共有17天。在这17天的行程中，泰戈尔有6次公开演说会，5次欢迎会，2次演出会，3次私人访问，还有其他没有列入日程的事务，其繁忙程度可想而知。泰戈尔的活动，有的达到预期的效果，影响很大，如泰戈尔参加的联欢会及其发表的演说，唤起中国青年人对东方文化的激情和祖国的热爱，以及与中国知名学者谈及成立中印学会，两国互派留学生，交叉培养人才，促进中印文化的健康发展，宣扬东方文明；等等。泰戈尔曾经说过："新时代已经来到了，就站在我们门前，等着我们去欢迎。我们不能够再让她久候了。让我们，中国和印度，联合起来吧；让欢迎伟大时代的歌声从中国和印度响起来吧！让我们两个国家把欢迎的灯点起来，迎上前去吧！如果由于逆风说不定谁的灯会被吹灭，那就让我们互相帮助吧；说不定谁会晕倒，那就让另外一个把他唤醒吧！"[③]有的却无法预料，产生意想不到的结果。由于当时时局动荡，军阀割据，社会

---

①谢冰心.泰戈尔剧作集（四）：齐德拉暗室之王[M].北京：中国戏剧出版社，1959：6.

②沈益洪.泰戈尔谈中国[M].杭州：浙江文艺出版社，2001：235.

③沈益洪.泰戈尔谈中国[M].杭州：浙江文艺出版社，2001：251.

秩序混乱，各项社会事务无法正常实施，政府更无钱来办教育。泰戈尔向北京大学提出与印度国际大学交换二三十名留学生的建议没有得到采纳，所以他对于道泉所说——由他们向中国政府（北洋政府）推荐于道泉到泰戈尔自己创建的印度国际大学去留学的建议也自然无法实现。对于当时的于道泉来说，确实是不小的打击，去印度国际大学深造，这一理想犹如肥皂泡般破灭了。同时，中印学会也随之搁浅，直到1927年北京大学校长蔡元培才与泰戈尔联系达成首批交换留学学生。

第二节　北京大学获新生

一、师从钢和泰

俗话说："英雄惜英雄"，泰戈尔对像于道泉这样有理想、有追求、思想进步、积极向上的优秀青年学生，由于种种客观原因不能到印度国际大学学习进修，深深地感到遗憾和惋惜。但是，泰戈尔指不仅不会弃之不管，而且还要管好，以便让像于道泉这样的优秀青年学生能有优秀的教师指导，有施展才华的学术平台，有自我创新发展的空间。经过一番认真思考和努力之后，泰戈尔向于道泉介绍了钢和泰教授，并认为钢和泰教授可以满足他对探索生命秘密的要求。再者，钢和泰教授也获知于道泉对印度文化、梵文和佛教有强烈的学习动机和研究潜质，且英文很好。故此，钢和泰教授十分乐意接受于道泉入室受教，接受其对梵文学习和佛教研究的愿望。至此，于道泉便留在北京大学就读，跟随当时在北京大学任教的钢和泰教授学习梵文、藏文和佛经，并担任钢和泰教授的课堂英文翻译员。

钢和泰（1877—1937），德文全名为Alexanderë von Staël Holstein。1897年，钢和泰正值21岁，继承了家族爵位，从那以后人们都尊称他为钢和泰男爵。由于他出生在俄属爱沙尼亚地区，所以自幼还有一个俄文名字叫 АлекСаидР АвгустОвич，汉译为亚历山大·奥古斯托维奇。我们称之为钢和泰，是用其德文全名的后一部分，"钢"乃德文Staël之意译，"和泰"乃是Holstein之音译。钢和泰男爵是世界著名的东方学家、汉学家、梵语学者。历任彼得格勒大学助理梵文教授、北京大学梵文与宗教学讲师、教授，清华大学国学研究院讲师、哈佛大学教授。在北京创办了中印研究所，且长期任所长。同时，长期在他的寓所举办多语种佛教文献"家庭研读班"，开展梵文和佛经的学习讨论。另外，钢先生还兼任北京大学研究所国学门导师、国立中央研究院史语所特约研究员和北京故宫博物院专门委员。

那时，北京大学是一所国内顶尖的高等学府，就其所提供的学习环境而言，无论是硬实力环境，还是软实力环境，都堪称国内一流。于道泉在如此优越的环境中学习，又幸得国际级大师钢和泰教授的精心教导，他自然很珍惜这次来之不易的学习机会，因而在学习上勤奋好学、刻苦认真。那么，到底于道泉刻苦勤奋到什么程度？从于道泉给当时在日本留学的大妹于式玉的书信内容可以了解一二。信中说："我现在是用梵文就着窝窝头吃，这在全世界恐怕也是第一份，绝无仅有的！"①于道泉那种刻苦钻研、争分夺秒的学习态度和孜孜不倦的求学精神，是今天我们诸多青年学习的榜样。

俗话说："一分耕耘，一分收获。"于道泉有端正的学习态度和刻苦钻研的学习精神，又采用了良好的学习方法，故而在学习上所取得的进步很突出，受到钢和泰教授的赞扬鼓励。钢和泰对于道泉说："于先生，你三个月学习的进步比我过去的学生学一年还要快得多！"②

于道泉在北京大学就读期间，一边跟随钢和泰男爵学习梵文、藏文和研究佛经，一边兼任钢和泰男爵的课堂英文翻译。钢和泰男爵虽然精通俄语、德语、英语、法语等语言，并能用俄文、英文、中文、德文、法文等语种书写学术论文，但是他的中文口语表达不利索，只能用英语授课，所以他的课堂需要北京大学配置随堂英文翻译员，并且这位翻译员要具有宗教学及相关学科的背景知识，以便听课的学生掌握授课内容。因此，钢和泰男爵自1918年任教于北京大学以后，先后为其担任随堂英文翻译员的人就有胡适、黄树因、江绍原等。于道泉进入北京大学就读后，就接替江绍原担任钢和泰男爵的课堂英文翻译。因此，笔者认为当时于道泉在北京大学的身份是双重的：首先是学生，然后是教学助手兼佛教文献研究助理。如此一来，钢和泰男爵不但不收取于道泉的分文学习费用，每月还付给他十元酬劳。当然，于道泉并不看重酬劳的多少，他十分珍惜这次难得的学习机会，对工作和学习充满激情，对未来的生活充满着希望。这十元的酬劳金，他并不作他用，而是全部交给钢和泰先生的厨师，算作是生活费，就一起在厨房包饭了。

在钢和泰的精心指点下，于道泉渐渐掌握梵文的相关知识和研究路径；而于道泉也在不断学习的过程中，寻找自己的研究兴趣，探索新的研究方向。据于道泉在《第

---

①王尧.平凡而伟大的学者：于道泉[M].石家庄：河北教育出版社，2001：314.

②王尧.平凡而伟大的学者：于道泉[M].石家庄：河北教育出版社，2001：9.

六代达赖喇嘛仓洋嘉错情歌》的序言中所言，他的兴趣从梵文转向了佛教史和语言学，随后是西藏文。这一思想的转变，一方面是于道泉自身知识体系不断完善的结果。另一方面与当时中国社会状况有密切的联系。

二、进步新青年

众所周知，北京大学被誉为中国近现代史上先进思想的摇篮。作为一位求知欲极强、思想上要求进步的青年学生，于道泉在北京大学这所崇尚思想和学术自由的殿堂里，有了崇高的思想信仰——共产主义理想信仰，并于1924年加入了中国共产党。据于道泉的孙女于耀华回忆，于道泉晚年，在与她散步时曾说过：当时，在北京大学参加共产党组织，是由李大钊同志介绍的。虽然这是一份口述资料，但它的真实性是毋庸置疑的，早在1920年夏，李大钊等共产主义者就在北京大学组织成立了共产主义小组和社会主义青年团，并且由李大钊本人负责中共中央北方的党务工作。1924年，中共中央在北京成立中共北方区执行委员会，由李大钊负总责。当时的北京大学已成为中国传播先进思想的摇篮，李大钊作为北京大学知名教授，一方面，充分利用自己的办公室等场所给思想进步的青年学生宣传共产主义思想，另一方面，通过《新青年》杂志积极宣传共产主义思想，秘密发展思想进步的优秀青年学生成为中国共产党党员。李大钊在日本留学时，就已认识于道泉的父亲于明信先生，他们曾一起就读于日本早稻田大学，于明信作为同盟会会员，经常与留学日本的中国有志之士聚在一起，共同探讨中国之未来。他们应当是志同道合的校友，并于1916年毕业，一起回国，投身于报效祖国、振兴中华的行列之中。昔日校友的情怀难以忘却，面对校友的孩子，视为己子，面对中国革命实际发展的需要，发展于道泉成为秘密的中国共产党党员是顺理成章的事情。于道泉在日记中写道："我接受一些新思想，对社会主义的苏联有了比较正确的认识以后，我对于报章杂志上关于苏联的文章都感很大的兴趣。有一个时期几乎是见一篇看一篇，得到一本看一本。"[①]可见，于道泉接受社会主义新思想达到了如饥似渴的程度。另外，萧乾的回忆也证明于道泉当时已经是一名中国共产党党员。萧乾回忆当时在认识四堂兄的一位同学、中国共产主义青年团的成员李安宅后，从李同学那里借来不少小册子，有剖析不平等条约的，也有宣讲全人类解放的道理的。读后，觉得全部都是像他一样的"穷哥儿们"说的话，在思想上很快接受了共产主义思想。李安宅接着鼓励萧乾把这些小册子传给同学们，传给别的"穷哥儿们"。不久，李安宅、于道泉二人介绍他加入了中国共产主义青年团。1934年他再回北京

———————————
[①]于道泉日记手稿（未刊）。

时，"旧时的战友已经星散，他的领导人李安宅、于道泉也跑得不见踪影，与组织失去联系……"①由此可见，那时于道泉已是一名真正的中国共产党党员，而且还是党组织的领导成员之一。

于道泉作为一名中国共产党党员和国际共产主义战士，不但认真地做好党组织安排的工作，而且还积极向弟妹们宣传共产主义思想和帮助他们树立崇高的共产主义理想，促使他们走向进步，引导他们到无产阶级革命阵营中来。特别是将自己的大妹于式玉介绍给自己的革命战友李安宅同志，让有共同理想的他们走在一道，互相支持，互相照顾，并肩战斗在文化战线等诸多领域上，为社会主义新中国做出了巨大的贡献。于若木也曾经写道："道泉兄追求进步的思想，对我走上革命道路有一定的影响。他向我推荐胡愈之的《莫斯科印象记》，在言谈中常赞扬苏联社会主义的优越性，这些，对我都产生潜移默化的影响。"②四妹于陆琳和弟弟于道源都深受于道泉的影响，他们在于道泉的引导下先后加入了中国共产党，并加入到抗日救国和建设新中国的革命队伍中来。于道源在革命工作中献出了宝贵的生命，而于陆琳则成为优秀教育家。于道泉晚年时曾对孙女于耀华说起："过去在北京参加过党组织，也做过一些工作。30年代就到海外去了，一去十五六年，在整个抗日战争期间和解放战争期间，那样残酷的流血斗争中，自己漂泊海外，未能做出任何贡献。现在，革命胜利了，这是千百万烈士的鲜血凝成的果实，是人民群众在党的领导下取得的胜利。这时，自己再要求恢复组织关系，再做一名老龄党员，不过是享受党的荣誉，不过是想做官而已，真是惭愧，所以，再也不愿去申请了。"③由此可见，早在20世纪二三十年代，于道泉已成为一名忠诚的国际共产主义战士和成熟的中国共产党党员：一方面从事党的工作，另一方面从事藏文学习与研究工作，并且在后来的学习工作中锻炼成为一名坚定的共产主义战士，为共产主义事业而奋斗终身。

第三节　北京北海图书馆

在北京大学习梵文、藏文等东方语言几年之后，于道泉有了一定的知识储备，在1926年有了一份工作，即成为北海图书馆的正式人员。他曾记录：

①王嘉良，周健男.萧乾评传[M].北京：国际文化出版公司，1990：29.
②王尧.平凡而伟大的学者：于道泉[M].石家庄：河北教育出版社，2001：7.
③王尧.平凡而伟大的学者：于道泉[M].石家庄：河北教育出版社，2001：10.

那时候，我刚从"京师图书馆"被调到当时成立不久的"北海图书馆"。最初一阶段我算是由"京师图书馆"调到"北海图书馆"去整理从北京黄寺买到的一部残缺（纳尔嘎）版的甘珠丹珠经。这部经是一位商人到北海图书馆去卖。副馆长袁同礼在北大认识我，知道我会藏文，便委托我去收买，以后就和当时"京师图书馆"馆长梁启超商量了一下，把我从"京师图书馆"借到"北海图书馆"工作，最初我的工资在京师图书馆领，工作却是在北海图书馆作。以后两馆合并了，我便成了北海图书馆的正式人员。①

从以上资料我们可以了解到，于道泉从京师图书馆（具体于道泉何时在京师图书馆工作，我们暂无资料考证，但从时间上推测应该在1925年左右）来到北海图书馆工作的来龙去脉。后来，两馆合并后，于道泉成为当时的北海图书馆（今北京图书馆的前身）正式人员，担任满、蒙、藏文书典籍的采访和编目工作，任编目科科员。毋庸置疑，就是这一份编目科科员的工作开启了于道泉步入北京学术界大门的钥匙。同时，于道泉明白这份工作不是自己的最终目的，并认为自己的学识太浅，年岁也小，才二十几岁，愿意留出多一点学习进修的时间，自己宁愿少拿一点工资，每周只工作三天。用余下来的时间多学习以弥补自己知识上的不足，继续师从钢和泰男爵学习梵文、藏文和研究佛经。实际上，于道泉所积累的基础理论知识和在研究方法上的进步，足以使他能做好满、蒙、藏文书的采访和编目工作。于道泉原本可以从事全职工作，拿全额工资，但是为了提高学识，增长智慧，宁可少拿工资，他也要保证有足够的学习进修时间，为将来取得更大的成绩打好基础。

实际上，于道泉在北平北海图书馆做满、蒙、藏文书典籍的采访和编目工作，对他而言也是一种学习进修的机会，这里是他将理论与实践相结合的实习场所，是一个促进学识提升的实验室。袁同礼馆长学贯中西，具有扎实的基础理论知识，精通图书管理学和目录学，拥有丰富的图书馆管理实践经验；他知人善任，于道泉作为一名优秀的专门人才，在袁先生的领导下工作，是一件愉快的事。当然，于道泉也不负众望，他克服了诸种困难，把北海图书馆的满、蒙、藏文书籍文献编目和采访工作做得有声有色，在北京学术界里已小有名气。

①于道泉日记手稿（未刊）。

袁同礼自担任北平北海图书馆领导后，就着手一系列的整合和改革，组建国立北平图书馆，兹有记录：

> 本馆于（民国）十八年九月改组，就国立北平图书馆及北平北海图书馆之基础逐渐扩充。在新建筑落成以前，原有之北平（京师）图书馆暂称国立北平图书馆第一馆；北平北海图书馆暂称国立北平图书馆第二馆。仍就原有馆址公开阅览。兹将两馆概况分述于后……①

袁同礼对图书馆进行整合之后，扩大了图书馆规模，信息资源共享面也拓宽了。尤其是新馆建成之后，全新的"国立北平图书馆"加入了世界图书馆协会，成为当时远东最大、最好、最现代化的图书馆。设有两会八部：两会指购书委员会和编纂委员会。八部指总务部、采访部、编纂部、阅览部、善本部、金石部、舆图部和期刊部。各种藏书几十万册，以统计第一馆的满蒙文书籍来说，就有七十六部三千七百十三册。可见北海图书馆对中国少数民族语文典籍的重视程度之高。同时，针对这些文献典籍的整理与研究，袁同礼也急需通晓这些少数民族语言文字的人才。当获知于道泉致力于梵、藏等东方少数民族语文的学习与研究，是这方面的专门人才时，就特别重视任用于道泉，关心他的学习和工作，以至于后来还资助于道泉赴法留学进修，继续深造梵文和藏文等东方民族语言文化知识，并查阅或搜集国外藏的相关东方少数民族语文文献典籍。

当时，北平北海图书馆很重视对满、蒙、藏文书典籍的整理与研究，并取得了丰硕的成果，满蒙藏文书编制索引，亦为馆中重要工作。其中，于道泉已经对满蒙藏文书进行编目索引，并制定出具体实施的步骤和方法，尤其在前人没有研究的领域，更需要进行认真思考与整理文献中进行创造性研究。然而，图书馆对于特别重要的典籍还邀请专门学者和专家参与整理研究，免于不必要的疏忽遗漏或错误，讲究其严肃性和严谨性，强调在学术研究中的重要贡献，把学术价值做到最大化。

俗话说："提供肥沃的土壤，会长出好的禾苗"，而北平北海图书馆拥有如此优

---

①据《国立北平图书馆概况》原文无标点符号，此标点符号为笔者所加，本书其他地方相同。原文：本馆于（民国）十八年九月改组就国立北平图书馆及北平北海图书馆之基础逐渐扩充在新建筑未落成以前原有之北平（京师）图书馆暂称国立北平图书馆第一馆北平北海图书馆暂称国立北平图书馆第二馆仍就原有馆址公开阅览兹将两馆概况分述于后。

越的工作环境和丰富的文献典籍资源，以及人性化的科学管理与用人机制，尽管各种经费较为紧张，但北平图书馆的科研成果十分突出。袁同礼完成的研究成果有：《清代私家藏书概略》《永乐大典考》《明代私家藏书概略》《宋代私家藏书概略》《中国音乐书举要》等；于道泉完成的研究成果有：《宗喀巴以前的达赖转世》《馆藏诸佛菩萨圣像赞跋》《达赖喇嘛于根敦珠巴以前之转生》《乾隆御译衍教经》等。还培养了像孙楷第、谢国桢、赵万里等一批著名学者。

荀子说："积土成山，风雨兴焉；积水成渊，蛟龙生焉。"[①]于道泉一边在国立北平图书馆做满蒙藏文的采访和编目工作；一边继续跟随钢和泰男爵学习进修梵文、藏文等少数民族语文。在这个不断积淀知识的过程中，于道泉的工作经验越来越丰富，知识也越积越多，逐步形成自己独特的文献整理与研究方式。在北京学术圈里，于道泉已初露头角，尤其是在满、蒙、藏文书典籍整理与研究方面已显露出他的智慧光芒。

时至今日，在众多民语文献采访与编目中仍广泛采用这种"于道泉方式"，使许多珍贵的典籍得以入藏，如任继愈先生对善本特藏的收藏、整理和保护十分关注的理念方法源于于道泉。任先生曾说在他本人被任命为北京图书馆馆长第一天晚上，已年过八旬的藏学专家于道泉先生骑自行车专程到寓所去拜访他，开门见山就谈藏文文献收藏的问题，并希望任先生给予关注和支持。于道泉是中央民族大学的教授，是国图唯一一位不拿工资报酬的资深馆员，为国图的藏文文献收集倾注了半生心力，并做出了很大的贡献。任先生对于先生的话印象深刻，赞赏于先生年老不懈的精神。任先生还强调，目前少数民族文献语种多，亦可效仿于先生这个例子，请社会各界积极参与藏书建设。

第四节　国立中央研究院

1928年，于道泉在北京学习研究一晃就是五年了。这年，恰好国立中央研究院成立，早有知识储备的青年才俊于道泉有幸步入这一科学殿堂。于道泉曾讲述："又过了一段时间，因为我的家庭情况发生了变化。我的经济负担加重了，每周自学三天的计划无法继续下去，乃由清华历史系的陈寅恪教授介绍到当时新成立的中央研究院历史语言考古研究所历史组担任助理研究员的工作。也是每周三天。"[②]1928年，于道泉

---

①梁启雄.荀子简释[M].北京：中华书局，1983：4.
②黄颢，吴碧云.仓央嘉措及其情歌研究（资料汇编）[M].拉萨：西藏人民出版社，1982：9.

的父亲于明信先生赴日赈灾回国后，因不满山东军阀兼主席的韩复榘治理山东，乃赋闲济南七家村。之后，家里的经济负担加重了。甚至他的夫人顾淑惠一边料理家务，照顾孩子，一边还要担任西关小学校长的职务，以增加家庭经济收入。因此，于道泉不得不改变了原来一个人的生活习惯。由于各项开支骤然增加，经济负担就压在于道泉的肩上，他不得不挑起家庭的担子，改变原来边工作边学习进修的计划。笔者认为于道泉进国立中央研究院历史语言研究所，经济方面的原因可能是次要的，而他自身在梵文和藏文等方面的广博学识才是关键的、主要的。

那时，恰逢傅斯年应大学院之邀约，把在中山大学的中央历史语言研究所从广州迁往北平，参与筹建国立中央研究院。兹在1928年4月30日傅斯年、顾颉刚、杨振声呈大学院（稿）中显示傅斯年等积极参与国立中央研究院的筹建工作，而"决非先生（胡适）戏谓狡兔三窟，实斯年等实现理想之奋斗，为中国而豪外国，必黾勉匍匐以赴之"[①]。所谓国立中央研究院，也就是蔡元培所提倡筹建的中国最高学术之"大学院"。为此，在国立中央研究院成立之初，蔡先生辞去其他一切行政职务，专任研究院院长，并在国立中央研究院下设若干分级研究单位。其中，由中山大学历史语言研究所傅斯年负责国立中央研究院历史语言所的筹备工作。傅斯年在工作中最棘手的问题之一是招揽人才。在1928年5月5日，傅斯年、顾颉刚、杨振声致蔡元培、杨铨（抄件）信函中的拟聘人员名册中没出现于道泉，但在此抄件中傅斯年认为最难的一件事是"我等此日动手事件，举止如下：梵文学（此事不发达，一切佛故及中国中世史均无从下手，去年钢和泰生活上无以自存于北京，寅恪写信来问中大有办法否？恰当中大停顿，钢去日本矣。但居日本非其所愿，已询寅恪问其尚愿在中国工作否？如不成，或可约柏林国家图书馆印度部主任Nobel君来。此举耗钱较多，又须在北京，已函寅恪详筹之。）"[②]。笔者此前已陈述，于道泉在北海图书馆从事满蒙藏文书的采访和编目工作之后，仍然继续跟随钢和泰男爵学习梵文、藏文和研究佛经，并学会了钢和泰男爵做学术研究的方法。毫无疑问，于道泉在参加钢和泰男爵"家庭研读班"的时候就认识了陈寅恪，而关于陈寅恪与于道泉互相认识的时间和地点，从陈先生长女陈流求的笔记[③]中，便可以推断，于道泉和陈寅恪认识应是在钢和泰男爵家里举办的"家庭研读

①《中国大百科全书》总编辑委员会. 中国大百科全书[M]. 中国大百科全书出版社，2009.

②王汎森，潘光哲，吴政上. 傅斯年遗札：第一卷[M]. 北京：社会科学文献出版社，2014：94-95.

③汪荣祖. 陈寅恪评传[M]. 南昌：百花洲文艺出版社，1997：62.

班"里。所谓"家庭研读班",即是一批志同道合的学人,约定在钢和泰男爵提供的寓所里一起学习,共同切磋,互相研讨,完全是一种平等的合作关系。据说陈寅恪自1925年回国后,就一直参加钢和泰男爵在自家寓所里举办的"家庭研读班"和于道泉等一起学习梵文、藏文,并进行佛经的研究、讨论和交流。如此近距离的共同学习和研讨,长达四年之久,于道泉和陈寅恪发既是朋友又是同学,彼此之间了解之深,可想而知。

实际上,在筹办国立中央研究院历史语言研究所早期,傅斯年仍在中山大学中央历史语言研究所工作,把筹备国立中央研究院历史语言研究所北平(今北京)分所的事务交由陈寅恪总负责,傅斯年曾致信陈寅恪说:"北平各事接洽,须有总负责之人,而所址既有,尤须有主持者。前谈办法(数人共组)与事务进行颇有不便。弟思之熟,此间同人亦同此意,推兄(陈寅恪)为北平分所主任。此非可让之事,望兄(陈寅恪)为其艰难!明夏开年会时之大乐,即以偿此日之劳也。幸同意,弟即函子民(蔡元培)先生发聘书也。"[1]此外,还有1928年12月1日傅斯年致蔡元培之函[2]为证。由此足以看出,当时傅斯年把国立中央研究院历史语言研究所在北平的筹备工作及相关事宜全权交由陈寅恪负责,并履行了相关手续。关于选用梵文学人才一事,陈寅恪权衡利弊,据各种条件,认为于道泉能担此重任,于是推荐他到国立中央研究院历史语言考古研究所历史组从事助理研究员的工作。

至此,于道泉走进了当时被称为中国最高学术机构的大学院。同时,他还继续兼职于北平北海图书馆特藏部,从事满、蒙、藏文书典籍的采访和编目工作,也为新成立的国立中央研究院历史语言研究所与北平北海图书馆的相互支持与合作提供帮助和便利。如此一来,于道泉虽身兼二职,但从事同一方向的研究工作。既解决了经济问题,又解决了国立中央研究院历史语言所梵文学人才方面之难及文献资料短缺的问题。唯一不足的是留给于道泉自己学习进修的时间不多,从此他走向一条将学习与研究工作二者相结合的道路。

国立中央研究院历史语言研究所经过一段时间的筹备工作之后,各方面已准备就绪。从傅斯年致蔡元培关于历史语言研究所组织之函[3]看出,国立中央研究院历史语言

---

① 王汎森,潘光哲,吴政上.傅斯年遗札:第一卷[M].北京:社会科学文献出版社,2015:122.

② 王汎森,潘光哲,吴政上.傅斯年遗札:第一卷[M].北京:社会科学文献出版社,2015:124.

③ 王汎森,潘光哲,吴政上.傅斯年遗札:第一卷[M].北京:社会科学文献出版社.2015:18.

研究所当时选聘和任用研究员及助理研究员非常认真谨慎，宁缺毋滥。同时强调执行程序须按《国立中央研究院设置助理员章程》①之规定进行。可见，于道泉进入国立中央研究院是完全符合《国立中央研究院设置助理员章程》之要求的。当然，也有陈寅恪大力推荐的原因。因为当时王国维先生逝世之后，由陈寅恪负责清华国学院的教授指导工作，只是被国立中央研究院聘为史料组兼职主任和研究员，大量的研究工作和日常事务必须要有称心如意的助理研究员参与协助研究处理，才能把《藏文书籍目录》等工作做得更好。再者，从傅斯年致杨铨（1929年7月）信札中附的历史语言研究所十八年度聘员及薪额表②可以证实于道泉已正式成为国立中央研究院之中的一员。同时，也体现了陈寅恪等老一辈学者对年轻一辈学者提携、培养和关心的传统精神。于道泉也曾经说过："在这时候藏族地区以外研究藏文的人对藏文图书目录还知道的很有限，陈寅恪教授给我安排的研究任务就是整理这本藏文书目录。"③可见，在陈寅恪教授的安排指导下，于道泉很快参与到其繁杂的满、蒙、藏文典籍文献整理、编目与研究工作之中。经过一段时间辛勤努力工作后，于道泉取得了显著的研究成果。

当时，从事藏文研究的除了陈寅恪负责的史料组之外，赵元任所负责的汉语组（语言学组）也对藏语产生兴趣，并对藏语语音进行了研究，据《国立中央研究院十八年度总报告》记载："历史语言研究之语言学组，曾调查吴语、藏语及两粤方言多种，且已选定严式国际音标（an elective system of phonetic transcription）必需之符号二百九十七个，创制之字母式声调符号（tone letter）六十个，定铸铜摸，庶记音之书，不致因印刷困难而阻碍出版。历史语言研究所暂设于北平，将来亦迁移至南京。"语言组的科研成果由当时中国最高学术机关下属机构——历史语言研究所创办的《国立中央研究院历史语言研究所集刊》负责刊载。于道泉当时在陈寅恪教授的指导下所做的《西藏文藉目录》整理与编目工作已初见成绩。就以当时国内最高学术刊物所刊发的具有影响力的六篇研究性文章而言，于道泉的两篇研究成果就在其中，其中一篇是与陈寅恪教授合作完成，另一篇则是独立完成。

在钢和泰、陈寅恪、赵元任等大学者的教导、帮助和指点下，加上自身天资聪慧，又勤奋好学、刻苦钻研，于道泉克服种种困难，完成了国立中央研究院历史语言

①据《国立中央研究院十八年度总报告》。

②王汎森，潘光哲，吴政上.傅斯年遗札：第一卷[M].北京：社会科学文献出版社，2015：154-155.

③黄颢，吴碧云.仓央嘉措及其情歌研究（资料汇编）[M].拉萨：西藏人民出版社，1982：11.

研究所安排的各项科研任务，且科研成绩十分突出。值得肯定的是傅斯年在《国立中央研究院历史语言研究所二十一年度报告》中，阐明于道泉的相关研究业绩："助理员于道泉整理西藏文籍已完成之工作为：（1）搜集西藏民间故事四则译为汉文及英文；（2）将梵语灯 leg sbyar bshad bahi sgrn me 一书译为汉文；（3）将宗喀巴上永乐皇帝书译为汉文。又在最近期内可完成之工作为：（1）名贤集之满蒙藏译文之研究；（2）西藏歌谣谚语之整理及翻译。"①

　　傅斯年是一位极其优秀的领导，他不但知人善用，而且极其注重培养人才、储备人才。因此，对于像于道泉这样没有出过国、留过学的本土优秀助理研究员，更是倍加珍惜。傅斯年认为如果像于道泉这样优秀的本土人才有机会出国深造进修，那么他们将来会对国立中央研究院历史语言研究所的发展产生积极影响，且在国家处理边疆事务中会发挥更大的作用。因此，傅斯年在1932年10月12日致信杨铨详谈此事。②从这封信札中体现了傅斯年的拳拳之心，于公于私，鞠躬尽瘁。以大任为职责，视他如己矣。信函中傅斯年对于道泉十分欣赏，对于道泉作出了精练、公正而全面的评介，并对于道泉出国深造之事尽职尽责，寄予厚望。

　　再者，从《国立中央研究院历史语言研究所二十二年度工作报告》中我们也可以了解到于道泉对西藏语文的研究成绩，并且他已做好国立中央研究院历史语言研究所的工作移交等相关事宜。由于当时国内时局的变化，1933年年初，日本侵略者侵占了山海关、热河等地区，长城各口告急，整个华北地区处于险境。南京国民政府当局执行"攘外必先安内"的错误政策，加速了日本侵略军侵占北平的步伐，③危及北平国立中央研究院的资产和工作人员安全，亟须撤离北平转移上海。故而，于道泉赴法留学之事也受到影响。他一方面要做好赴法留学前期的准备，另一方面要积极参与抢救民族文化古籍文献，据说为了抢救藏在热河行宫的满文大藏经，于道泉"甚至冒着敌寇的枪林弹雨，孤身远赴承德，几乎陷身于日寇的魔掌。当时，北平学术界同人为于先生的安危焦急万分。"④幸而他最终平安归来。另外，在1933年3月25日，傅斯年致蔡

①据国立中央研究院文书处编写的《国立中央研究院历史语言所二十一年度报告》第269页。
②王汎森，潘光哲，吴政上.傅斯年遗札：第一卷[M].北京：社会科学文献出版社.2015：317-318.
③李蓉.中华民族抗日战争史[M].北京：中央文献出版社，2005：76-78.
④王尧.平凡而伟大的学者：于道泉[M].石家庄：河北教育出版社，2001：11.

元培、杨铨的信札中也说过："助理员于道泉因须在北平图书馆工作，并因前已决定暑假后赴法留学，故须在北平结束其旧作。此时如离北平，至为不便。"①由此可见，于道泉暂时留在北平继续完成他的工作，并继续做好赴法留学的前期准备。据《国立中央研究院历史语言研究所二十三年度总报告》，于道泉已将自己在国立中央研究院历史语言研究所从事梵、藏、满、蒙等民族文献古籍整理与研究的工作移交给李永年。至此，于道泉已经完全脱离了国立中央研究院历史语言研究所的工作，他所负责的工作已由李永年全面接手，而全力为赴法留学进修做好前期的准备工作。

---

①王汎森，潘光哲，吴政上.傅斯年遗札：第一卷[M].北京：社会科学文献出版社，2015：372.

第三章
欧陆留学十五年

第一节 法国（1934—1935）

自1932年深秋开始，国立中央研究院历史语言研究所决定派于道泉到法国留学，有三次记录要派他赴法学习：第一次是1933年年初赴法；第二次是1933年暑假后赴法学习。如此变更日期，主要是因为国立中央研究院历史语言研究所迁移的客观原因和于道泉自己的主观原因。于道泉曾说过："当时傅斯年再三催促我到国外去进修，而我对出国并不感兴趣，……"[①]由此可见，傅斯年为了于道泉能顺利赴法留学，也在尽力做于道泉的思想动员工作，而于道泉对于出国留学并不积极，自然有他自己的考虑，作为一个家庭的顶梁柱，一走的话这家还稳吗？此外，或许与他的身份背景有着一定的关系，或许与当时的时局变化有关系，等等。如此诸多因素，于道泉不得不一一思考。好在他的夫人顾淑惠女士向来开明、豁达，她不会因为自己和家庭的原因，而让心爱的丈夫再次放弃出国深造进修的机会。她敢于独当一面，挑起家庭的重任。有了妻子的鼎力支持和好言相劝，加上领导傅斯年的再三催促，并以留学人员待遇给于道泉发放薪水。1934年4月，于道泉从上海乘法国邮轮D'Artagnan号赴巴黎留学，第三次赴法学习得以成行。从此，开始了他漫长的欧洲求学之旅。这是于道泉第一次离开祖国，离开关爱自己的祖辈，离开同人和兄弟姊妹，离开年轻的妻子和年幼的孩子，远行求学，所行目的地为世界大都市——巴黎。一个陌生而又熟悉的浪漫国度首府，一个语言文化完全不同的生活环境。

于道泉首要面临的问题是解决好交流与沟通的语言关。我们[②]对王尧先生访谈时，

---

①黄颢，吴碧云.仓央嘉措及情歌研究（资料汇编）[M].拉萨：西藏人民出版社，1982：13.
②笔者和人民大学石岩刚博士。

王先生说："于道泉曾经对我们的学生说过，他在去法国的邮轮上，随身带了一本法语小字典，随时翻阅背诵，每天找机会与法国人做日常口语对话、交流思想，如'Bonjour madame/modemoselle/meusioer! Bonsoir! Salut! Comment allez vous? Tres bien, merci! Et vous? Moi aussi. Au revoir. A la prochaine fois! A tout à l'heure! A plus tard! A demain! A lundi! Bonne année! Bon anniversaire! Bonne fête! Bon week-end! Bonne santé! Bon appétit! Bonne chance! Bon voyage! Enchanté! Comment tu t'appelles? Je sui Yu Dawchyuan, Je sui Chinois. Tu est libre ce soir? D'accord! Volontiers. Avec plaisir. Combien? Ca fait combien? Je vous dois combien?'等等。由简单的日常口语交流开始，学习法语，在交流中获得一些法国文化习俗。于道泉在学习中碰到不明白的字词句时，会随时请教邮轮上的法国朋友，有时候还请法国朋友教自己唱法语歌曲。法国朋友也对他很热情，很愿意提供帮助。一个多月后，当他随邮轮到达巴黎时，已基本上可以和法国人交流了。"一本法语小词典不但增加了于道泉的法语词库，而且化解了他旅途中孤单寂寞的思绪，充实了他的旅程，把这艘邮轮变成一座充满法国文化的移动岛国。事实证明了于道泉具有刻苦用功的学习精神、极强的语言天赋和适应生活环境变化的能力。于道泉到巴黎后，很快成为巴黎大学文学院的学生，学生证号2355（见图2），有效期为1934—1935年。

图2 于道泉留法学生证

有关于道泉在法国学习的情况，笔者曾请留学法国的杨鑫博士到巴黎第一大学查阅有关于道泉的资料，可惜没有找到相关资料。反过来，巴黎第一大学倒是希望我们提供于道泉先生留法学习的资料信息。所以笔者只能从于道泉与家人往来的书信中了解到一些他在法国留学的情况。如1934年8月30日于道泉给远方妻子的一封家书，从这封家书中可以了解到于道泉初到法国并不是住在学校附近或公寓，而是住在一个叫塞夫勒（Sevres）的地区。据说这是于道泉通过世界语者通讯录找到一位法国世界语者朋友，就搬到那里去赁房居住，目的是想在法国人家庭里多学一些日常法语，也就是他后来说的"置身庄岳，事半功倍"的语言学习方法。随着开学日期的临近，于道泉就从塞夫勒区换到巴黎来了。因为他此行的目的是多读书，所以搬到巴黎大学（今巴黎第一大学）附近居住，便于学习。

另一封是1934年11月25日，寄给妹夫李安宅（仁斋）的家书①。信中于道泉很谦逊地说自己是一个无名小卒，当然这是与他提到的杜尔（Dr.Durr）博士和拉露（Mademoiselle M.LaLou）女士两位同学比较而言。特别是信中提到的几位教授都是当时欧洲著名的东方学家、汉学家、藏学家，这些大家都擅长梵文、藏文、蒙古文等东方民族语言文字及宗教文化的研究。因李安宅是这一领域的学者，所以于道泉在信中只是点到为止，没有详说。然而，他在当年11月29日给父亲于明信先生的家书中，就较为详细地描述了自己的学习生活情况：

> 父亲大人膝下敬禀者顷接道源弟来书知大人因颈部生疮住共和医院疗养。泉远在海外……泉在此所选功课钟点最多者为土耳其文，每周七小时。……惟回文之范围太大，泉只求略知一二，至于精深研究，颇希望道源弟能于此有所成就也。此外，……听Foucher教授用梵文课本所讲之胜论派哲学一小时，……听Przyluski教授所讲之《大乘庄严宝王经》之梵藏汉文比较研究一小时。……只有两人，一为已得有哲学及文学博士之P.A.Durr君，一为曾有关于梵藏著述四五种之M. LaLou女士，曲高和寡，亦无足怪，惟此等机关为两人即可开班……于社会亦无甚用处也。
>
> 泉在高级研究院此外尚听藏文教授Bacot用藏文本讲西藏高僧Marpa传一小时……泉自到此后，体重增加十余磅之多，近中极为顽健，无劳挂念，……若泉在此能专心读书，两三年后，或可小有成就，彼时即可归侍膝下也。
>
> 　　　　　　　　　　1934年11月29日9点之13点写完，14点抄完寄去。②

这封家书与前一封相隔仅有四天时间，由此可以推断于道泉在写上封家书时，还没收到道源弟弟的来信，不了解家里所发生的情况。当收到道源弟弟的来信后，才得知父亲生病住院，于道泉心急如焚，可又鞭长莫及，爱莫能助。作为长子，父亲病了

---

① 王尧. 平凡而伟大的学者：于道泉[M]. 石家庄：河北教育出版社，2001：327.
② 王尧. 平凡而伟大的学者：于道泉[M]. 石家庄：河北教育出版社，2001：328-329.

又不能亲侍汤药以尽孝，于道泉很内疚，只有提起笔描述自己在欧洲的学习生活情况，自然就更加详尽，以求父亲一看便知，宽慰生病中的父亲以及对弟弟道源寄予厚望。同时，这封家书也表明于道泉在巴黎大学学习回文、藏文和土耳其文等几门语言。与此同时他还协助巴考（Bacot）教授做些藏文翻译工作，甚至抽出时间在中英文化研究所给法国学生讲授了半年的汉语课。[①]我们在采访王尧先生时，尽管他还处在病中，但还能清晰地回忆起1979年夏天，他在南京大学期间，曾面谒韩儒林先生，韩先生很高兴地说起他们在法国留学的同学还有邵循正、陆侃如等，大家还得到于道泉先生的帮助，同时也帮助过法籍犹太人石泰安（R.A.Stein）等等。韩先生请王尧转告于道泉先生，他们不会忘记于道泉的无私帮助。当王尧回京，把这件事转告于道泉时，于道泉只是一笑而过，说："没有的事，我哪里帮助过他们，记错了。"从这一件小事，就足以体现出于道泉谦逊平和、热心低调的品质，少年时代所养成的乐于助人的品质伴随他漂流异国他乡。

第二节　德国（1936—1937）

在巴黎大学进修学习期间，整个欧洲社会政治风起云涌，各种社会政治力量暗流涌动，第一次世界大战的战败国德国，不但摆脱了1929—1933年资本主义国家爆发的经济危机，而且整个社会经济发展很快。同时，德国又是马克思的故乡，曾为马克思撰写《资本论》和形成马克思主义学说提供了必要的社会条件和资源。基于以上原因，于道泉决定放弃去罗马，也拒绝了图齐（Tucci）教授提出前往意大利东方学院免学费学习的邀请，而决意去德国学习德语，了解德国语言文化和德国社会环境。在于道泉的三封家书中均有记载：一是在1935年1月24日给弟弟道源的信中曾表露出自己要去德国的意愿[②]；二是1935年2月7日给爷爷的家书中也曾讲过他将去德国学德文之事宜[③]；三是他给儿子于培新的一封书信[④]证实了他于1935年8月15日到达德国首都柏林。

据说于道泉在德国的学习生活是既简单又丰富有趣的，他与中国留学德国的诸多学者人士一直保持着密切的联系，有机会就聚在一起讨论德语学习心得、各领域学科

---

①廖波.于道泉的学术道路[M]//藏学研究论丛编委会.藏学研究论丛：第4辑.拉萨：西藏人民出版社，1992：51.

②王尧.平凡而伟大的学者：于道泉[M].石家庄：河北教育出版社，2001：329.

③王尧.平凡而伟大的学者：于道泉[M].石家庄：河北教育出版社，2001：329.

④王尧.平凡而伟大的学者：于道泉[M].石家庄：河北教育出版社，2001：329.

研究前沿及其社会形势等。期间，曾有中国学院林先生盛情邀约留德中国学子，齐聚其寓所，举行茶话会，于道泉留欧的同窗好友韩儒林先生寄给他的一张明信片，可以证实这一点，内容如下：

伯源兄：

　　□□司如何？颇以为念！顷接王静如先生电话，谓中国学院助理林秋生君，订于明日（星期三）下午4时，至约吾辈数人到其寓中茶话，乞4时前来弟处一同出发，是盼，即祝

健康！

弟　儒林上

10月22日9时

林君寓Schutterst.54,静如不知其房东姓名。[1]

　　从这则材料中，我们得知于道泉在德国学习时，身处异国他乡，相隔1年多，他还与曾在国立中央研究院历史语言研究所的同人好友王静如先生相遇，可谓是"他乡遇故知"[2]。

　　正当于道泉忙于在德国柏林学习德国语言文化知识的时候，他却被与设计委员会签约之事项限制，而傅斯年在国内亦忙于为于道泉延长留学资助期限而努力，兹有1936年2月10日傅斯年致钱昌照的信札为证：

乙黎我兄：

　　惠书敬悉。于君道泉事，弟以为最好能延长一年。在君兄以为于、王两君，两年留学不足，非三年不可，故去年夏季已允许王君之延长。于君实为最难得之边事人才，在君以为稀有之天才，走此一路又与国家关系至大，似当成其所学。于君久无报告前来，大约学者每多此等不情之举。然据自巴黎来人言，及去年伯希和言，彼实精勤不倦，除藏语外，又习得土耳其语及边疆史地。此君日夜用功，断无他务，弟所绝对担保者也。敝所目下拮据万分，实无方法，如有，绝无不尽力之理。迫不得已，惟有恳兄与咏霓兄设法为之延长一年，似乎一切方可一

①王尧.平凡而伟大的学者：于道泉[M].石家庄：河北教育出版社，2001：330.
②洪迈.容斋随笔.得意失意诗：八卷[M].北京：北京燕山出版社，2007：76.

结束而免功亏一篑。回国之后，自当先尽贵会延用，敝所仅为造人才耳，（如贵会不用，敝所即用之。）千恳万恳，感如身受矣。

弟因在京房子未找到，故最近（十日）走不了。然房子一找到即走矣。相见必不远也。

于君事仍乞惠弟一信。其报告弟当函催之。专此，敬颂

日安！

弟　斯年　二月十日（页末自注：

"25年"，又注："抄存。两件均

入于道泉栏中）①

就以上书信来看，当时于道泉暑假赴德学习德文一事，并未与时任所长傅斯年沟通好，所以傅斯年并不知道于道泉已经到德国柏林学习德文。傅斯年是从别人（如伯希和等）那里获悉于道泉在法国的学习情况，对于道泉在外学习的情况傅斯年感到非常满意。为培养于道泉这样的稀有人才，傅斯年不得不继续向资源委员会做出说明，建议为于道泉留学延长资助一年，并希望时任资源委员会主任钱昌照办理继续延长于道泉的留学手续。作为回应，傅斯年则要催促于道泉提交相关的专题报告。我们从1936年7月7日傅斯年致于道泉的信札中便知：

伯原先生：久不接信，非常的闷。兄之工作勤勉，大家自然都相信，然学年之始，应以工作计划送来；（最好早送）学年之终，应以结果报告，……

至于回国以后事，本所之送兄等非有所约束，故职业可以自择，弟与寅恪先生等仍盼兄最好能回所工作至少一年，俾旧有稿件可资整理也。以此时情况言，到拉萨、西康、青海工作皆有机会，北京大学拟聘兄为副教授，想已有所闻矣。

至于本暑假后工作计划，乞即写一信来，一切兄必计划妥当，不烦代想。弟意时间既有一年，可勿扩充范围，专研回国后不易得之材料，以为回国后之准备耳。

有关各名家，应与之长谈，此事最启人心智。余不白，敬颂学安，宁侯回音。

傅斯年 启　25/7/13②

---

①王汎森，潘光哲，吴政上.傅斯年遗札：第二卷[M].北京：社会科学文献出版社，2015：529-530.

②王汎森，潘光哲，吴政上.傅斯年遗札：第二卷[M].北京：社会科学文献出版社，2015：548-549.

从信札内容看，傅斯年催于道泉提交专题报告之事，没有得到于道泉的回应。所以感到非常之"闷"，言辞中道出当时傅斯年的郁闷不解之心情。傅斯年认为催交专题报告是按章所办的事，其最起码要有年初之计划和年终之总结报告，也好向资源委员会交差。后来通过韩君（这里所指应是韩儒林先生）才得知于道泉已经在德国柏林学习德文及其相关的学习状况。同时，傅斯年也向于道泉介绍了当时国内学术发展情况，以及应早为回国准备所做之事宜，盼望于道泉能按时回国参加工作。

然而，无论傅斯年怎样着急催促，都没有得到于道泉的回复。远在中国的傅斯年只有继续发电文催促，别无他法。以下是1936年9月23日的电文，可为一证：

> 伯原先生：屡次奉讯，迄无一字复书，令人心焦无似！无论如何，请兄见此信后，立即回弟一信，极感极盼！
>
> 兄回国日期不远，一切当早有所安排也。专颂
>
> 著安！
>
> 斯年 25/9/22[①]

这短短的几行电文，溢出傅斯年焦急的心情。然而，于道泉仍然没有回复一字。傅斯年很郁闷，在他即将离开北平回南京时，在胡适先生家里见到了于道泉的弟弟于道源先生（当时于道源正在北京大学国文系念书，曾在《歌谣》周刊第二卷21期发表其译自西班牙卡萨斯的著作《歌谣论》），向他谈及于道泉之事，希望于道源能与于道泉联系，并转达傅斯年的意思，此有1937年1月2日的信札可为一证。

> 哥哥：
>
> 今天早晨在胡适先生家里见到傅孟真先生（他是去年年底之十日来的北平，今天就要回南京），他谈到你的问题，……所以请你在接到这封信后，立刻写封信给傅先生，说明你的一切，免得以后出麻烦，务必！务必！
>
> …… ……
>
> 好！不多写了，即此祝你
>
> 努力，并盼你赶快回信！
>
> 弟 源上
>
> 1937年1月2日[②]

---

①王汎森，潘光哲，吴政上.傅斯年遗札：第二卷[M].北京：社会科学文献出版社，2015：557.

②王尧.平凡而伟大的学者：于道泉[M].石家庄：河北教育出版社，2001：333.

以上内容表明，傅斯年十分焦虑，但又没有办法，才约见仍在北京大学国文系念书的于道源，在胡适先生家谈及于道泉之事。可想而知，傅斯年在一年半的时间里，写了六封信，平均每三个月一封。对于傅斯年这样的大忙人来说，时间是那么金贵，实属不易。

实际上，傅斯年得知于道泉早已赴德学习德文一事后，曾写信批评过于道泉，信上说："研究院之津贴乃令汝留法，非留德也……令汝习中亚语言，非习德文也……汝之官费非不足也……贪图德境便宜大为不可也。"①为此，于道泉也曾回信略做辩解："泉于1924年曾投考山东省留美官费，幸被录取为第二名，因当时见自欧洲回国之留学生中有实学者固多，而碌碌之辈亦复不少。故留洋生之头衔对余早已失去其诱惑。故钢和泰先生应许为余向北京大学索取每月十五元之生活费并授余以梵文，后余即不顾家严之反对，决计抛弃每月数百元之留美官费，前往北大修习梵文。在研究所就事后，先生又极力劝余留欧，余因在参考西籍深感不通德法文之痛苦，而就过去修习英文及藏文之经验，修习外国语若能置身庄岳，实在……（下残）"②。通过这则残件的信息，大体揣摩于道泉曾试图表达的意思为两层：第一，对赴德学习德文作出解释，说明缘由；第二，强调学习外国语言文化与"置身庄岳"有着密切的联系，并非所言"贪图便宜"之举。

在于道泉与傅斯年因赴德学习德文一事，引起二人感情纠纷的时候，若两人直接沟通，可能会"火上浇油"。两人都非常明白这一点，所以傅斯年在胡适家里约见了于道泉的弟弟于道源，说明情况，希望于道源先生能转达傅斯年的意思，甚至也包括胡适先生的意思。而于道泉则以自己曾任陈寅恪的助理研究员，又了解傅斯年和陈寅恪之间的关系，所以就赴德学德文一事引起自己与傅斯年之间发生的不愉快，致函跟陈寅恪说明。

话说回来，于道泉在德学习期间确实不是"贪图德境便宜"。而实际上，他勤奋学习德文知识是有目共睹的。据说他曾为印度独立后的四个外交官之一凯斯卡尔（Keskar）担任过德语翻译。③因为有了扎实的德文文化基础知识的积淀，才有后来他把100多首藏族民歌译成德文的成果。

---

①王尧.平凡而伟大的学者：于道泉[M].石家庄：河北教育出版社，2001：331.
②王尧.平凡而伟大的学者：于道泉[M].石家庄：河北教育出版社，2001：331.
③廖波.于道泉教授的学术之路[M]//《藏学研究论丛》编委会.藏学研究论丛：第4辑.拉萨：西藏人民出版社，1992：51.

随着于道泉在欧洲学习西藏语言文化的学术研究视角的开拓,他非常想到西藏去实地考察。这期间,比利时博物院准备组织西藏考察队,邀请于道泉加入。但因涉及国与国之间的关系问题,故而比利时博物院须向国立中央研究院历史语言研究所发函请求批准。对于此事,1937年2月1日傅斯年批复"不允许"。①由于此举考察队涉及国家层面之事务,故而第二天(2月2日),傅斯年就这件事致信顾文波(淑惠)和于道原(源),②说明情况并表达他个人的意见。第三天(即2月3日)应该是傅斯年为于道泉最为忙碌的一天,一共要书写三封不同风格信函,分别寄给三个不同地方的不同人。第一封,傅斯年写给当事人于道泉,对于道泉表示震惊、责备和不满。

伯原先生:接到一封自比来信,封面汉字及后面住址皆兄手迹,正在诧异,拆而读之,原来是如此一事!兄无暇给弟一字,而有暇做此事,弟本可无说,惟今尚有一事提醒者如下。国家对兄,不为不厚,朋友期望,不为不殷。上次信中开列各种可作之事,回国后正多实地工作之机会。乃兄置之不理,允外国人以参加中国政府所绝不能许可之中国内地旅行,(西藏非中国地耶?)兄在外国数年,岂不看到外国人对其国家是如何尽责乎?中国此时是如何境地,岂非吾人肝脑涂地以效力于国家之会,乃为外国服务乎?除告该比人以不能同意外,兄之行止,请问兄自己良心可也。专颂

旅祺!

傅斯年启 廿六年二月三日

此信恐收不到,分抄一份寄法。③

此信件信息除了涉及国家感情、朋友感情之外,还显示于道泉在巴黎有一处可供常联系的地址,或者于道泉即将返回法国。

第二封,傅斯年向时任资源委员会主任钱昌照说明此事,并表明自己的立场和作出的处理意见。

---

①王汎森,潘光哲,吴政上.傅斯年遗札:第二卷[M].北京:社会科学文献出版社,2015:587.

②王汎森,潘光哲,吴政上.傅斯年遗札:第二卷[M].北京:社会科学文献出版社,2015:588.

③王汎森,潘光哲,吴政上.傅斯年遗札:第二卷[M].北京:社会科学文献出版社,2015:588.

乙藜吾兄：前日接比利时人来信，拆而读之，是于道泉的事，为之气坏，直至上午四时尚未能眠也。兹将原信送上一看，看后最好能惠还存卷。弟给于道泉一信，兹抄底一份奉上。又复该比人一电云：Sorry cannot permit。此事变化，弟深感对贵会不起耳。昨晤咏霓兄，已以此事告之矣。专颂

日安！

弟　斯年　二月三日^①

此信件信息除了显示傅斯年被于道泉之事所气坏之外，还透露处理这件事是同曾经留学比利时鲁文大学的咏霓君（即翁文灏）交流过，并对资源委员会表示歉意。

第三封，傅斯年向比利时博物院的吉恩·G.德万（Jean.G.Devaux）先生复信，表明他对考察队和于道泉此行所持的态度。

1937年2月3日

先生：

我谨确认收到贵方1937年1月13日的来信。已立刻发送一封电文回复，所说："不允许"，相信你们已及时收到。

很遗憾我不怎样赞成此事。于道泉会明白作为派送他到欧洲做专门研究的政府部门，排除我支持这份计划的可能性。

我卓越的想法向你保证，先生！

傅斯年　历史语言研究所所长

致吉恩·G.德万先生

布鲁塞尔，提贝尔根大街20号^②

这三封信件寄出，让傅斯年焦躁的心情渐渐平息。也预示着于道泉不能参加此考察队，此比利时考察队也未能赴藏。经过一个晚上难以平静的休息和一番思考后，第二天（2月4日）起来，傅斯年即又致信于道泉，内容如下：

---

①王汎森，潘光哲，吴政上.傅斯年遗札：第二卷[M].北京：社会科学文献出版社，2015：589.

②此处为傅斯年致Jean G. Devaux信笔者的译文，原文请参阅社会科学文献出版社2015年出版的《傅斯年遗札》第二卷，第589页。

伯原先生左右：

日前接比人信，两日为之不眠。昨日寄上一书，想达左右。顷接来信，备悉一是。此自是兄好学心切之一种看法，当然全部考虑，知其一复应知其二也。……

且尊夫人年来苦境，弟略（知）一二，如"抛却家累"，何以生存乎？总之，兄于即回国一事，可以不复犹疑，此中毫无所用其惭愧，回国后必与兄极为方便之工作。若竟随外国人以往，后来事不可问矣。如何仍请即复，至盼！专颂

旅安！

傅斯年启　廿六年二月四日

何时返国，仍乞示知！[1]

实际上，于道泉赴德学习德文，或与德国综合国力上升有一定的联系，尤其是1936年8月1日国际奥林匹克运动会在德国首都柏林成功举办，标志披着和平伪面纱的希特勒法西斯集团已经成功登上了德国的政治舞台，使整个德国社会政治处在不断爬升阶段，促使整个欧洲社会政治处在变数之中。尤其是早在1935年颁布的《国防军法》被说成是"德国的自卫行动"，德国防卫力量的重建被说成是"和平要素"。这场有计划的欺骗，把德国大众和世界人民蒙在鼓里。[2]直到1936年2月西班牙大选中人民阵线胜出，两个集团不可磨合，互相攻伐。最终，导致1936年7月西班牙内战打响。[3]由于德国希特勒法西斯集团忙于举办象征和平运动的奥林匹克运动会，所以希特勒在公开演讲中还扮演厌恶战争到极点的老兵角色。[4]待国际奥林匹克运动会一结束，他就撕去伪善的面孔，1936年9月，希特勒就提出"四年计划"，根本目标是"把一切经济力量都用于准备和进行战争"[5]。并于1936年10月25日，通过德意之间的盟约，建立罗马—柏林轴心国。11月，德国就派遣秃鹰兵团（Conder Legion）空军连队（约有6000名驾驶员），以及一些火炮和坦克帮助西班牙反对派，[6]这时人们终于明白了

①王汎森，潘光哲，吴政上.傅斯年遗札：第二卷[M].北京：社会科学文献出版社，2015：590.
②汉斯·莫姆森.希特勒与20世纪德国[M].赵涟，译.北京：社会科学文献出版社，2013：128.
③罗伯特·帕尔斯顿.西洋现代史[M].陈美君，陈美如，译.北京：世界图书出版公司，2013：348.
④罗伯特·帕尔斯顿.西洋现代史[M].陈美君，陈美如，译.北京：世界图书出版公司，2011：357.
⑤王觉非.欧洲五百年[M].北京：高等教育出版社，2007：478.
⑥罗伯特·帕尔斯顿.西洋现代史[M].陈美君，陈美如，译.北京：世界图书出版公司，2011：349.

1935年颁布《国防军法》的阴谋。11月25日德国和日本签署了一个正式的反共产国际条约。尤其是1937年希特勒在公开场合的演讲基调开始发生戏剧性的转变，抛弃了和平伪装。[①]于道泉作为一名共产党员和共产国际战士，敏锐地觉察到德国的政治氛围不利于自己继续学习。于是在1936年年底，于道泉从德国启程，经比利时返回法国，在比利时受到比利时博物院组织西藏考察队的邀约，才发生前文所述之事。于道泉返回到法国巴黎大学后，拒绝了资源委员会和历史语言研究所提供的留学经费，以半工半读的勤工俭学生活方式一边继续学习，一边在巴黎国家图书馆兼职，编辑满文书目，以及在巴黎大学高级汉语学院兼职做资料室工作。[②]同时，还积极加入西班牙反法西斯的战斗阵营中。[③]

有关西班牙内战，曾有人认为，1936至1939年的西班牙内战，在欧洲乃至全世界范围内都是一个重大的事件，其影响已超出了西班牙自身范围。这场战争已成为当时欧洲国家之间，尤其是大国之间政治立场的试金石。内战爆发以后，叛军一边有德国和意大利法西斯支持，而西班牙共和国政府一边有世界进步力量拥护，千千万万的进步人士齐赴西班牙参加到反法西斯斗争的行列之中，甚至有的为此献出了宝贵的生命。[④]由于受到西班牙内战的波及，法国的经济越来越不景气，失业人员随之越来越多。于道泉除了自己谋生活之外，还要赡养生活在中国的家小。因此，他也要另谋出路。

第三节　英国（1938—1949）

1938年，于道泉由德国故友、东方学家、藏学家、汉学家西门·华德（Walter Simon）教授推荐，决定离开法国赴英国，到伦敦大学东方学院任教，担任高级讲师，教授古汉语、蒙古语、藏语、梵语等东方语言课程。

此次，于道泉出国游学的目的地有法、德、英等三国，前两国他均已去过，英国

---

①费舍尔.纳粹德国：一部新的历史（上、下册）[M].萧韶,译.南京：江苏人民出版社,2005：533.

②廖波.于道泉教授的学术之路[M]//《藏学研究论丛》编委会.藏学研究论丛：第4辑.拉萨：西藏人民出版社,1992：51.

③黄明信.于道泉二三事[M]//《藏学研究论丛》编委会.藏学研究论丛：第4辑.拉萨：西藏人民出版社,1992：19.

④许昌财.西班牙通史[M].北京：世界知识出版社,2009：498.

是此行实现他赴英国游学的既定目标之一。面对静静的泰晤士河，于道泉很满意伦敦大学东方学院的教学环境，他负责梵、藏、蒙、汉等东方语言的教授。当于道泉获知伦敦大学东方学院还需要一名教授中国现代文学的汉语讲师时，就推荐曾在他领导下从事革命工作的中国共产主义青年团员、著名记者、现代文学青年作家萧乾去任教。萧乾先生曾记载："1939年我在采访完滇缅公路回到香港大公报馆后，突然收到伦敦大学东方学院的一封聘函。我十分惊愕，不晓得那家学院怎么会想到了我！恰好曹未风兄由英返国过港，他告诉我是道泉兄举荐的。我才知道，他在三十年代中期就去欧洲。在德国逗留数年后，来到那家学院教授梵文。"①随后，于道泉获知萧乾将要到伦敦大学东方学院任教后，积极为萧乾做好接待准备。尽管当时伦敦大学处在繁忙的搬迁工作中，于道泉还是没忘记为远道而来的萧乾租一套房子。由此可见，于道泉在条件允许的情况下，尽可能地考虑到自己的老朋友、老同事，为他们的成长、求学、就业提供力所能及的帮助。随着1939年3月22日，英法正式结成军事同盟，英法联军正式向德国纳粹法西斯宣战，欧洲战区打响，20世纪第二次世界大战全面爆发。英国首府伦敦已处在德国法西斯的轰炸范围内，致使伦敦大学及其所属院校全部疏散到离伦敦80千米的剑桥。

在剑桥，于道泉一边认真做好教学工作，一边潜心钻研感兴趣的学科。他经常到大英图书馆印度事务部查阅英藏敦煌藏文古籍文献，用胶卷拍一些有价值的藏文文献寄回国内。值得我们注意的是，在伦敦大学东方学院从教的十余年中，于道泉讲授中国悠久的历史和文化，传播中华文明，培养了大批的外国学子，他们当中有的成为国际著名学者，如语言学伦敦学派（School of London）、系统—功能语言学（System-functional linguistics）创始人韩礼德（M. A. K. Halliday）先生，他曾在于道泉执教的汉语班学习汉语，并由此对汉语言文化产生浓厚的兴趣，以至于后来韩先生到中国跟随北京大学的罗常培教授和岭南大学的王力教授继续研究汉语，并最终跟随弗斯（Firth）教授完成自己的博士论文《〈元朝秘史〉的语篇句法分析》。此外，于道泉还协助丹尼尔·琼斯（Daniel Jones）一起做语言学研究工作，合作研究中国粤语方言。

20世纪30年代中后期，欧洲兴起了一些哲学思潮：如现象学（Phonomenology）、存在主义学（Existentialism）、人智学（Anthroposophy）等等，被统称为"哲学的

---

①萧乾.默默的奉献者：庆于道泉兄九十寿辰[M]//《藏学研究论丛》编委会.藏学研究论丛：第4辑.拉萨：西藏人民出版社，1992：6.

人学"学科。由这些学科带头人共同组成了一个称为人智学会的机构，专门研究这个领域。于道泉和人智学会成员接触后，便迷上这门学科，对混杂在宗教活动中的气功、催眠术、传心术(telepathy)和某些人或动物的特异现象产生了浓厚的兴趣。[①]萧乾曾说："那阵子道泉兄正在研究鬼学。他有满满一书架这类怪书。"[②]由此可知，于道泉对"鬼学"着了迷。也难怪后来魏强也说于道泉在英国11年主要钻研心灵学。实际上，这里所谓"鬼学"或"心灵学"就是当时西方心理学家所说的超心理学，他们搜集具体人或其他生物日常出现的一些无法解释的现象，经过验证，用照片、图画及文字记录下来研究，探索人的固有灵智，企图达到认识人类精神世界的目的。当时于道泉就试图把佛教哲学与心理学联系起来加以分析，深入探讨。可以说，这应该是最早探索佛理与现代心理学研究之间的关系。因此，萧乾后来才"每次去图书馆，都看见道泉兄在埋头钻研梵文"[③]。实际上，于道泉不仅仅是一个人在自己感兴趣的这些领域进行学习研究，而且还带动其他学者加入到自己学习研究的领域中来。金克木教授在回忆中提到，于道泉曾从英国给他寄来一些这类图书，还包括新出版的萨特的《存在主义》。金克木看了之后，就明白了于道泉的想法。

于道泉虽身在欧洲，却心系祖国。由于中国和欧洲都处在战乱时期，难保往来信件安全，多半皆已遗失，能收到者寥寥无几。不管有多难，于道泉和亲人之间还是不间断地通过书信或电报联系，如1939年5月28日，于若木给于道泉的信中就谈到当时中国抗战形势、家事和个人婚姻态度，等等。同时，陈云也致信未曾谋面的"大舅哥"于道泉，谈及于若木和自己的婚姻事宜，兼及国内抗战情形。两人往来书信谈得十分深入透彻，都对中国抗日战争抱有胜利的信心。因此，于道泉在致友人的信中也曾说："我十二万分相信中国的革命必然要胜利，日本侵略者必败！"[④]

随着国内抗战形势发展的需要，于道泉最小的妹妹于陆琳也跟随她三姐积极投身革命，辗转济南，长途跋涉，来到西北延安抗日军政大学学习。不久，于道泉的二弟

①应琳.无私无畏的探索者：于道泉教授[M]//《藏学研究论丛》编委会.藏学研究论丛：第4辑.拉萨：西藏人民出版社，1992：29.

②萧乾.默默的奉献者：庆于道泉兄九十寿辰[M]//《藏学研究论丛》编委会.藏学研究论丛：第4辑.拉萨：西藏人民出版社，1992：6.

③萧乾.默默的奉献者：庆于道泉兄九十寿辰[M]//《藏学研究论丛》编委会.藏学研究论丛：第4辑.拉萨：西藏人民出版社，1992：7.

④王尧.平凡而伟大的学者：于道泉[M].石家庄：河北教育出版社，2001：339.

于道源也来到延安抗日军政大学，经过一段时间学习后，被派往山东从事鲁西游击区的抗战工作。在山东于道源曾化名江枫，冒险给于道泉发送过一封信①汇报他在游击区的工作情况。从这封信札的内容我们可以知晓，于道泉和弟弟已有两年没有联系。在这两年里于道源随北京大学南下，在湖南长沙入联合大学后，又随联合大学搬往昆明学习，后来又到陕北延安。学习一段时间后，组织上派他前往山东鲁西游击区工作，以弥补当时游击区在科技、文化、知识、人才方面的严重短缺。在那里，他充分发挥懂多门语言文化知识的优势和掌握的无线电知识技术，增强科技抗战的力量。正如当年于道源在其译著《无线电讲话》"译者序"中所说的那样："对于一般中学里的爱好科学的小朋友们，这是一本极好的课外读物；因为它所讲的不但是一种科学，而且是一种极有趣味极有用处的科学；一般喜欢科学的小朋友们若是能够像书中的爱智儿那样爱好无线电，那么将来在国防上也是一批有力的人才，因为在现代的战争里，信息的交通也是非常要紧的。"②的确，信息战是没有硝烟的战争，往往关系到现代战争的胜负。我国古代军事家孙武曾提出"知彼知己者，百战不殆；不知彼，而知己，一胜一负；不知彼，不知己，每战必殆"③。此观点早就论证了信息在战争中的重要性，况且当时的中国积弱积贫，虽有昂扬的革命精神和不怕牺牲的斗志，但科技信息知识在抗日战争中的作用是不可或缺的。由此可见，于道泉虽远在欧洲，却时时刻刻关注着国内抗战形势的发展，并以自己在国外购买的抗战所需的各种科技文化书籍，寄给弟弟于道源，以支援国内抗战。

只要是有关抗战的消息，不管是来自革命圣地延安，还是来自山东老家游击区，甚至是国外新闻媒体对中国抗战战况的报道，都能使于道泉感到莫大的安慰，并受到极大的鼓舞。他曾积极参与当时由埃德加·斯诺（Edgar Snow）和路易·艾黎（Rewi Alley）等海外进步人士组织的"援华会"工作，并介绍刚到英国伦敦大学的萧乾加入该组织，使萧乾后来成为"援华会"一名出色的工作者，与海外友人并肩声援中国的抗战，为抗战作出了很大的贡献④。置身于欧洲英伦的于道泉、萧乾、杨宪益等旅居华人，同很多国际友人一道，要么挥动手中的如椽巨笔，要么张开正义之喉舌，为中国为世界的反法西斯事业奔走呼喊，开演讲会、写报道、做翻译，等等。如萧乾演讲

①王尧.平凡而伟大的学者：于道泉[M].石家庄：河北教育出版社，2001：342-343.

②艾思博.无线电讲话[M].于道源，译.上海：商务印书馆，1937：1.

③孙武.孙子兵法[M].北京：光明日报出版社，2008：13.

④王嘉良，周健男.萧乾评传[M].北京：国际文化出版公司，1990：177.

50多场，于道泉把《小二黑结婚》和《李家庄变迁》翻译为法文、英文，等等，投身没有硝烟的抗战。笔、墨、纸、舌之为用，何异于刀枪乎！

抗战胜利后，海外漂泊十几年的于道泉，早想回国与离散多年的亲人团聚，一起建设祖国、建设家园。然而，国民党当局却开历史倒车，不顾人民大众的愿望，撕毁国共双方刚刚签订的"双十协定"，向延安、张家口以及其他解放区大举进攻。刚刚脱离战火的人民，又被卷入硝烟之中，令国内外热爱和平的人为之震惊、焦虑和不安。期间（1946年8月3日）于道泉曾收到北京大学校长胡适先生致伦敦大学的信函，诚邀他回国共事，到北京大学文学院东方语文系担任蒙文、藏文教授。[①]然而，面对硝烟滚滚的祖国大地，于道泉何去何从？与延安联系不上！与济南老家联系不上！无奈的他只能选择继续逗留英国，只凭着自己对共产主义的信仰和对中国共产党领导下的人民军队的信任，从精神和信念上支持祖国！

---

①王尧. 平凡而伟大的学者：于道泉[M]. 石家庄：河北教育出版社，2001：344.

第四章
教书育人四十三年

第一节 北京大学（1949—1951）

孟子云："得道者多助，失道者寡助。"[①]全国人民抗日战争胜利，百废待兴，人民需要休养生息，而南京国民政府不顾民心所向，悍然发动内战。到1948年年底，中国共产党领导的中国人民解放军取得了辽沈、平津、淮海三大战役的胜利，内战格局已基本明朗。

1949年4月，于道泉怀着美好的憧憬和激动的心情，登上卡顿号客轮，从英国启程回国，踏上归来的航程，这里有他一直眷恋的祖国，一直想念的亲人。

客轮在新加坡作短暂停留之后，继续向香港航行。当驶入中国领海的那一刻，于道泉看到阔别16年的祖国海疆，心随着波涛的翻腾而涌动。飞翔的海鸟，传来一阵阵熟悉的声音，似乎在呼唤着自己的名字。此刻，于道泉就像回到母亲的怀抱一样，感到是那样的亲切、那样的温暖。即将见到离别多年的儿子，素未谋面的儿媳，还有自己"呀呀"学语的孙子，愧疚与幸福交织在心头。当客轮抵达香港码头时，儿子于培新和儿媳黄邦玉牵着孙子早在码头恭候他的到来，那一刻，千言万语化为两行热泪，流出辛酸与幸福。回到香港九龙的家时，祖孙三代人团聚在一起，其乐融融。对于道泉来讲，这可是真真切切的天伦之乐啊！但是，战后的祖国建设需要于道泉，他也不愿意久留香港，就急切地奔赴已经和平解放的北平。临行前，特别嘱咐儿子和儿媳，要积极准备回到祖国大陆，加入到新中国新社会建设的行列中来，多为祖国服务。两个月后，于培新参加了香港的"两航"人员起义，遵从父亲的嘱咐，举家北上。先在天

---

①史次耘. 孟子今注今译[M]. 重庆：重庆出版社，2009：88.

津工作，后来根据国家建设的需要，调到山西太原工作，直到退休才回到北京父亲的身边。而于道泉离开香港后，先到天津，直到1949年7月才转道到达北平。[①]

和平解放后的北平，蓝天白云，红墙白塔，绿瓦黄甍，绿树成荫。不一样的是各行各业井然有序，蒸蒸日上。人们精神饱满、斗志昂扬，一派欣欣向荣的新气象。稍做安顿后，于道泉回到了他熟悉的北京大学，接受校务委员会主席汤用彤教授颁发的聘书，正式任教于北京大学文学院。接着，他就急忙把离别了十六年的母亲、妻子和女儿从济南接到北京，住在北长街82号。一家人历经磨难终于聚在一起，过上了新中国的新生活。遗憾的是，于道泉的父亲于明信先生，既没有见到自己热爱的祖国迎来新生的一天，也没有见到远游归来的大儿子，就在那苦难的岁月离开了人世。最令人惋惜的是，与于道泉感情最深厚的二弟于道源，于1948年在一次夜行军中掉队，被国民党反动派逮捕杀害，年仅36岁。为了实现共产主义理想，推翻帝国主义、封建主义、官僚资本主义，建设一个社会主义新中国，有像于道源一样千千万万的牺牲者，这些革命先烈用生命换来了我们今天安定阳光的生活。于道泉化悲痛为力量，迫不及待地把自己的设想与时任北京大学文学院东方语系主任季羡林教授商榷。确定在东方语系下开设藏语专业，并且季羡林推荐于道泉担任藏语专业组组长。配备了教师（组员），立即进行招生，编写教材授课。从此，藏语文专业作为一门学科载入中国现代教育史册。

同时，国立北平图书馆（今北京图书馆）也热烈欢迎这位资深的研究馆员回馆，并且于1949年11月10日聘于道泉担任图书馆特藏部主任。[②]自1950年开始，于道泉就继续从事北京图书馆研究员的义务工作，直到离休。离休前，他又推举在藏学和国学领域研究成绩斐然的黄明信先生接任，可见于道泉和北平图书馆的感情之深厚。

中华人民共和国刚刚成立，祖国的西部边疆地区很多地方还没有解放，特别是藏区的广大人民渴望解放翻身，而这些地处祖国边疆的民族地区情况又十分复杂。解放军与边疆藏区藏族人民存在语言、文化习俗、饮食、信仰等诸多方面的不同，难以理解沟通。于道泉在北京忙于藏语教学和中央人民广播电台藏语栏目的筹备工作，无法抽身赴藏参与实地工作，只能派两个同事韩镜清和金鹏带上两名学生参加西藏文化工作队进藏工作。与此同时，于道泉充分发挥自己的专业知识力量和大智慧，在首都北

---

①此段文字内容来自王尧先生的口述。

②王尧. 平凡而伟大的学者：于道泉[M]. 石家庄：河北教育出版社，2001：348.

京为筹备中央人民广播电台藏语栏目组播音做了大量的工作，并于1950年5月23日正式向藏区广大藏族人民开播，把中央人民政府的号令和毛主席的声音通过无线电波送到了西藏。让西藏原地方政府和广大的藏区人民及时了解国内外时事，了解中央人民政府的政策和毛主席的讲话精神，为促成西藏和平解放、实现祖国统一和保卫祖国边疆稳定，号召广大藏区藏族人民一起建设社会主义新西藏，起到了积极作用。

第二节　中央民族学院（1951—1992）

中国共产党人始终重视民族问题，尊重各少数民族，团结千千万万的少数民族人民共同奋斗，赢得了各少数民族群众的信赖和拥护，为中华人民共和国的建立做出了巨大的贡献。

1949年10月1日，中国人民政治协商会议明确提出"各少数民族均有发展其语言文字，保持或改变其风俗习惯及宗教信仰的自由，人民政府应帮助各少数民族的人民大众发展其政治、经济、文化和教育的建设事业"。同年11月，毛主席在给西北局彭德怀的电报中也明确指出：我们要培养大批少数民族干部……各省省委及一切有少数民族存在的地方的党委，都应办好少数民族训练班或者干部培训学校。请你们多注意这一点：想要彻底地解决民族问题，全面完全孤立民族的反动派，没有一大批各少数民族出身的共产主义干部，完全是不可能的。1950年6月20日，时任中央民委副主任的乌兰夫、刘格平分别被任命为中央民族学院院长、副院长，开始中央民族学院的筹备工作。9月29日，任命刘春为副院长和党组书记，并主持筹建学院工作。依照党中央政务院颁发的《培养少数民族干部试行方案》和《筹办中央民族学院试行方案》两个文件精神，以及制定的中央民族学院的办学目标、方针和任务，国家民族事务委员会负责人请季羡林、于道泉等一起商讨开办民族语文系，优先考虑藏语文专业相关事宜。1951年4月下旬，中央人民政府全权代表李维汉首席代表同西藏地方政府全权代表阿沛·阿旺晋美首席代表，经过谈判，于5月23日在北京签订了《中央人民政府和西藏地方政府关于和平解放西藏办法的协议》。消息传来，于道泉率学生连夜参加庆祝活动。随后，于道泉率全班同学迁入班禅驻京办事处后院上课，担任主讲，并负责编写授课教材。6月11日，中央民族学院正式举行开学典礼。受聘到国家民委筹办中央民族学院语文系藏语文班的于道泉，全天在班上授课，并邀请旅京藏族人士李春先、图丹尼玛、罗桑曲贞等分别授藏语听、说、读、写等课,课堂有趣而生动。同时,四川巴塘藏族格桑居冕和云南中甸藏族钟秀生两位同志担任班上辅导助教。这期间,于道泉十分忙碌,但很充实。他一边在藏语班讲课,一边还负责中央人民广播电台藏语栏目组的广播稿件整理编译工作,每天要编译处理不计其数的稿件。

1952年,教育部决定将北京大学东方语系120多位新生和部分教师调拨中央民族学院少数民族语文系。在优先开办藏语文专业方面,采纳于道泉的建议,从中选出安多方言藏语班15人。聘请安多藏语方言教师龙智博、玛久担任教师,开始把藏语按划分的方言区进行教学,推行十分顺利,教学效果非常明显。同年,于道泉担任顾问,那尼玛(杨炎侯)任队长带领藏语班全体同学到藏区实地学习训练、考察,深入实际环境体验藏族人民生活文化,体察藏区民情民风,体会藏语语言文化知识语境,并在贡嘎山上拜贡嘎活佛为师,学习藏族历史、语言、文化等知识。从此,于道泉等开创的藏语教学实地学习训练范式,成为中央民族学院民族语文系的常规,一直在教学活动中施行。同时,也为其他民族语文教学提供了范例。

1953年,第一期藏语班学生毕业,一部分安排在祖国需要的地方工作;一部分则留校,在藏语教研组担任藏语教师。为了满足当时实际工作的需要,于道泉在教研组内成立了字典编纂小组,开始指导编纂《藏汉拉萨口语词汇》,以解决教学中出现的实际问题和满足驻藏工作组工作员对藏汉口语交际的需要。同时,中央民族学院又从西藏来京学习的藏族人士中遴选出阿旺顿珠、阿旺斯革、罗桑群觉等加入藏语教研组,后来又陆续调来旦增晋美、土丹旺布、徐盛(多吉)、大洛桑多吉等教师加入,使藏学教学与研究团队力量迅速增加。同时,于道泉建议为新来的藏族教师开设汉语课,以增强他们的汉语言运用能力,便于交流沟通。正因为有这些教师的加入,1954年《藏汉拉萨口语词汇》(初稿)才在极短时间得以油印内部发行(内部交流,征求意见)。于道泉在《藏汉拉萨口语词汇》的《跋》中特别致谢"中央民族学院民语系藏语教研组其他同志"。[①]同年9月25日至28日,在北京召开第一次全国人民代表大会,于道泉参加翻译处顾问工作。并与其他专家一道把《宪法》和《中央及地方各级人民政府组织法》等翻译为藏文。1955年,接待印度藏学家拉祜·维拉(罗睺罗)来访,就把《藏汉口语词汇》(拉萨方言)编纂计划、进展程度等与客人交流探讨。德国莱比锡大学藏学教授舒伯特来访,并以"珠穆朗玛峰的问题"为题发表演讲,于

---

①于道泉. 藏汉拉萨口语词典[M]. 北京:民族出版社,1983:1076.

道泉担任主持，胡先晋教授担任翻译。同时接收来自国外的研究生，如捷克斯洛伐克共和国选派科学院汉学研究所的高马士（Josef.Kolmas）博士，苏联莫斯科东方学研究所巴弗尔诺维奇，蒙古人民共和国科学院久德（祖道尔），等等。

1956年，全国人民代表大会民族委员会和国家民委联合组织力量，进行全国少数民族社会历史调查和少数民族语言调查。于道泉被任命为少数民族语言调查第七工作队队长，以中央民族学院少数民族语文系藏语专业师生为主，与当地干部共同完成赴藏区各地（五省区）的语言普查。于道泉负责审定各地上交的调查材料，整理存档。同年，于道泉被教育部和国家民委评定为二级教授。此外，于道泉也关注苏共二十大之后，波兰、匈牙利事件等国际时事的动态发展；同时，他还积极思考翻译机械化问题，并在中央民族学院院刊第十八期上发表《谈谈翻译机械化》一文。1957年，在《藏汉拉萨口语词汇》试用三年后，根据征求意见和新增词汇词条，再次修订、补充，第二次油印内部发行，改名为《藏汉口语词汇》（拉萨方言），内部交流使用，并继续征求使用意见。同时，继续给外国留学生授课。

1960年，于道泉在民语系筹办藏文研究班，并从青海民族学院、西北民族学院、西藏民族学院和西南民族学院等院校的藏文专业毕业生中择优录取了二十五名同学，作为第一期藏文研究班学生开课。聘请了贡嘎·罗桑赤列活佛等人为主讲教师，并安排教研组青年教师做辅导工作，随班学习，促使青年教师与学生"教学相长"，都得以培养、提高。另外，《藏汉拉萨口语词汇》经过三年使用，在征求使用意见的基础上，得以修改完善后，第三次油印将《藏汉拉萨口语词汇》正式更名为《藏汉口语词典》。1961年，第二期藏文研究班招生十五名，虽然于道泉已过花甲之年，但仍继续担任藏语文教学工作。期间，于道泉受委托开展世界语学习活动，讲授世界语课程，因种种原因，中途停课。曾有人感叹说："作为一位通晓世界语的学者，于老本可参加北京当地世界语的推广、应用等等方面的活动，但北京世界语团体只有两三个，而他们又极少举办或主持这一类的群众性活动。因此，北京的一些老世界语者，虽有心为世界语运动出力，但无从着手。于老对世界语事业一向颇为热心，却也无法为之做出贡献。我深深为他抱憾。"①1962年，第一期藏文研究班毕业，首次举办毕业论文学术讨论会。同年，于道泉的母亲张太夫人因脑出血而与世长辞，对他的打击很大。

---

① 葛一凡. 记世界语老友于道泉二、三事[M]//《藏学研究论丛》编委会. 藏学研究论丛：第4辑. 拉萨：西藏人民出版社，1992：13.

1963年，第二期藏文研究班顺利毕业。期间，于道泉经过对翻译机械化问题的长期思考，触类旁通，终于在思想上萌发了用代替汉字或藏文的数码符号来满足机械化翻译的需要。1964年，于道泉对翻译机械化问题有了突破，即"数码代音字"方案。1965年，他研究成功"数码代音字"检查表，编制由声韵母组成的口诀。

1966年后，中国在思想文化领域掀起一场广泛的运动，于道泉等一批学者也进行学习活动。由于于道泉研究藏学领域涉及宗教、历史、文化等学科，某些人拿他举办藏文研究班中用古典作品教学说事，令他感到茫然而悲凉。同年，大妹于式玉于四川成都病故的噩耗传来，令于道泉身心更加疲惫，但这些并没有摧垮他做科研的意志。相反，于道泉继续把"数码代音字"研究系统化和理论化，制定出拼读方案、检字表、声韵母口诀。1971年，已年届古稀的于道泉重返科研工作岗位。

于道泉返京后，受外交部委托解读伊朗大使馆转来的一卷藏文文书，此文书系该国地下出土文物。于先生开始极力推辞，但推辞不掉，才勉强接受这项工作，每天跑北京图书馆、北京大学图书馆和中科院图书馆查阅文献资料，将伊朗大使馆转来的这卷藏文文书以英文解读，并请吴文藻、谢冰心二位专家予以审定通过，上交完成此次国际外交任务。1973年，于道泉常带上爱徒王尧前往北京大学新宿舍公寓拜访故交王重民先生，交流学习。1975年，夫人顾淑惠病逝，妹妹及儿子儿媳孙子孙女们皆来吊唁，但难以抚慰于道泉的伤痛之心。

1981年，于道泉已经80耆寿，仍然接待德国波恩大学中亚系舒迪特（Dr.Dieter Schuhe）博士、庞伟（Dr.W.Benck）博士来访。于道泉在访谈中思维敏捷，回忆起20世纪30年代中期在德国的往事思路清晰，使用德文、法文、英文交流自然流畅，无障碍交流让双方心情愉快，颇有收获。借此机会，于道泉向来访的二位学者举荐王尧去维也纳参加"纪念乔玛学术研讨会"，充分体现了于道泉所提出的"年轻一辈需要老一辈的提携"的学术精神。王尧如愿参加了此次国际学术活动，收益颇丰，并带回来捷克斯洛伐克留学生高马士的问候及李方桂、张琨二位教授的消息。收到学生的问候和老友的消息于道泉很高兴。1982年，美籍亚裔，哥伦比亚大学南亚研究所藏学家巴巴拉·阿齐兹（Dr.Babara Aziz）博士来访，跟于道泉谈伦敦、谈英国，谈到英国学术界的很多趣事。于道泉很高兴，安排家宴招待客人。阿齐兹博士非常钦佩于道泉渊博的知识和地道伦敦绅士口音的典雅英语。阿齐兹再三敦请于道泉前往纽约参会，于道泉也微笑答应了，可是临办手续前又决定不去了。因而，阿齐兹博士在会上做了一个专题报告——中国老一代藏学家于道泉、李安宅二教授的近况介绍，引起了与会者极大的兴趣。①同年，于道泉参加在北京举行的第十五届国际汉藏语学术讨论会，并提交《藏文的数码代音字的见解及检字表举例》一文在会上交流，引起语言学界的极大关注。1983年，已定稿有三年之久的《藏汉对照拉萨口语词典》在民族出版社出版，诞生了我国第一部藏汉对照口语词典，在词典学界影响深远。期间，于先生旅居意大利的藏族好友——南喀诺布教授携妻子儿女回国访问、探亲，虽由国家民委接待，但其特别要来中央民族学院拜望于道泉，故知相逢，欢聚一堂，共叙50年代初在贡嘎山上相识的情景。

　　1984年，离休后的儿子于培新和儿媳黄邦玉来北京照顾于道泉的生活起居，让于先生能够安度晚年。中央民族学院人事处、教务处等单位为于道泉、吴文藻、杨成志、闻宥、陈振铎、张锡彤等六位教授从教五十年召开表彰会。表彰他们苦心孤诣，培育青年，为社会为国家造就人才所做的杰出贡献。同年，英国大英图书馆馆员吴芬思（Dr.Wood France）前来访问，两人促膝长谈，往事历历在目。交流中谈及当年在伦敦的旧事，于道泉非常高兴。吴博士非常钦佩高龄的于道泉的记忆力和思维。1989年，于道泉身体不适，经常感到困倦，记忆力明显减退。进入积水潭医院检查并住院治疗，二十几日未见好转，回家疗养。后来又到西山疗养院治疗、休养。1990年，病情有所好转，可以在院内活动与院友聊天，与护士交流，神志清醒，语言表达清楚。1991年90岁高寿，三妹、四妹及亲属等前去西山疗养院祝寿，陈云同志亲笔书写"实践是检验真理的唯一标准"条幅，裱装相赠祝寿。亲人、友人及学生纷纷撰文祝寿，这批文章被收入《藏学研究论丛（第4辑）》（1992年11月由西藏人民出版社出版发行）。1992年4月12日，于道泉因心力衰竭而溘然长逝，享年91岁。一位追求卓越、成就斐然的先生就此与世长辞。这不仅仅是中国学术界的损失，也是国际学术界东方学的损失。

---

①王尧.我与藏学[M]//张世林.家学与师承：著名学者谈治学门径：第三卷.桂林：广西师范大学出版社，2007：247.

第五章
中国现代藏学之梦

为构建中国现代藏学之梦，于道泉自从受到诗圣泰戈尔思想的影响，不惜放弃官费赴美留学，得钢和泰男爵的教导和陈寅恪之点化与帮助，在北京孕育梦想；受国立北平图书馆、国立中央研究院和资源委员会的资助，赴欧留学进修。后因种种原因，自谋生计，在欧洲寻梦；中华人民共和国成立后，回国施展才华，为中国现代藏学立足于世界学术之林做出了巨大贡献。

第一节　北京孕梦

1924年，于道泉曾担任印度诗圣泰戈尔的随陪英文翻译，接受泰戈尔的建议，毅然放弃赴美留学的机会追随泰戈尔跑到北京（究其原因是于道泉见到国外留学回来的大多数学子空有其名，而无其实）。于道泉准备到印度国际大学学习梵文和佛学，因国内当局之原因未能成行。于道泉于是留在北京这座具有悠久历史文化的古城，跟随钢和泰男爵学习梵文和藏文，苦读佛经、研究佛典等佛教文献。于道泉在《第六代达赖喇嘛仓洋嘉错情歌》（译者序）中说得很清楚明白：

> 六年以前我跑到北京来学梵文，抱了满怀热望要读"梵天文字"的佛经，并且在佛教哲学中去寻求"生命之谜"的解答。刚来的时候，我带了佛教信徒的热诚昼夜无间地苦攻。[1]

从这一则资料，我们能看出于道泉对宗教哲学中的"生命之谜"产生浓厚兴趣，

---

[1] 据国立中央研究院历史语言研究所1931年出版的《第六代达赖喇嘛仓洋嘉错情歌》第19页。

所以要读懂"梵天文字"以求解答。但是我们注意到这一时间节点，只是"刚来的时候"，于道泉有着"佛教信徒"一样的热诚，"无间昼夜地苦读"，并在这"苦读"之中孕育自己的梦想。可是，在这一孕育的过程之中，我们知道可能会发生很多的变数。故而，于道泉也曾说过：

> 当时教我梵文的钢和泰男爵常带了鼓励我的意味夸奖我，说我三个月的进步比他从前几位学生学一年还要快得多。可是，若是说我当时梵文的进步不算慢，我"怀疑态度"的进步比我的梵文还要快了好多。因为在钢先生很尽心地教我梵文的时候，我向来对佛教所抱的信仰大部分都被他用"比较宗教学"的武器打得粉碎。最后，我在梵文上的进步终于被我"怀疑态度"的进步追过去了，结果就是我还不能随便读梵文书以前，我从佛教信仰所发生的热诚大半都消失了。①

从以上资料，我们可以判断得出结论：于道泉当时对佛教哲学产生了质疑。也就是说，于道泉原来抱有的梦想即将破灭，并在这破灭的过程之中即将产生他的新梦想。当然，或许是钢先生要实现"培养一大批中印研究方面的人才，进而创立这一领域的'中国学派'"②的梦想。后来的变化，也证明了于道泉在接受钢先生的"比较宗教学"教育之后，他的思想才有所转变：

> 以后，又过了段时期，我才慢慢地对佛教史和语言学发生了兴趣。③

可见，随着时间的慢慢推移，才向佛教史和语言学两个方向发展，说明他在孕育现代藏学梦想的发展路径上是多维的。同时，仍存在许多未定的因素，并且在多路径的探求与实践之中才能发现适合自己的兴趣所在，于道泉曾经讲过：

> 可是等我对这几门学问有了积极的兴趣以后，我已由于种种原因，决意先不学梵文而专致力于西藏文了。④

---

① 据国立中央研究院历史语言研究所1931年出版的《第六代达赖喇嘛仓洋嘉错情歌》第19页。
② 王启龙，邓小咏. 钢和泰学术评传[M]. 中国社会科学出版社，2009：79.
③ 据国立中央研究院历史语言研究所1931年出版的《第六代达赖喇嘛仓洋嘉错情歌》第19页。
④ 据国立中央研究院历史语言研究所1931年出版的《第六代达赖喇嘛仓洋嘉错情歌》第19页。

以上这句话说明，开始于道泉的兴趣很广泛，在对"几门学问"的兴趣都进行实践学习之后，由于主客观方面的诸多原因，再进行比较，方才做出抉择，有所取舍。因此，于道泉"决意先不学梵文而专致力于西藏文"。于道泉在《谈谈翻译机械化》一文中也曾讲过"但是不久以后我便到北京来学习藏文"。这也充分说明了于道泉开始以西藏文为自己学习与研究的方向。

至此，于道泉似乎有了一个梦的基本轮廓。他在被袁同礼推荐到北海图书馆担任藏、蒙、满典籍文书的采访和编目工作后，接触到大量的藏文文献，并在整理与研究藏语文文献及其编目工作中产生了浓厚的兴趣。其研究成果有《达赖喇嘛于根敦珠巴以前之转生》《乾隆御译衍教经》（藏文原文及满汉文三体对照，附校勘记）等。当时，北京学术界都知道有一位叫于道泉的学者专门研究西藏文。可见，那时他已经显露头角，小有名气了。

1928年，于道泉由陈寅恪教授亲力举荐到当时号称中国最高学术机构的中央研究院当助理研究员后，在陈寅恪教授的指导下从事藏文典籍整理与研究，从浩如烟海的西藏文库中收集、整理、研究和编写《西藏文藉目录》。同时，兼职北海图书馆的藏、蒙、满等文书典籍的采访和编目工作。在这两家研究机构里都从事藏语文的相关研究工作，促使于道泉在西藏文研究领域向深度和广度继续拓展延伸。可以说，在大量的西藏文研究实践工作中，中国藏学之梦也慢慢在于道泉的思想中酝酿。事实上，于道泉的研究路径既受到钢先生研究路径的影响和启发，又受到钢先生研究方法的制约。于道泉在《达赖喇嘛于根敦珠巴以前之转生》一文中已表明文中藏文和梵文的拼切法，是采用钢和泰在《大宝积经》中所采取的方式。而于道泉在译注《第六代达赖喇嘛仓洋嘉错情歌》中既有钢和泰研究方式的影子，又尝试着研究方式方面的突破。故而，《第六代达赖喇嘛仓洋嘉错情歌》被称为"中国藏学的第一部专著"。①当然，我们也认为是研究这部诗歌开启了中国现代藏学之门。于道泉在中央研究院做《西藏文藉目录》编目的整理和研究工作的时候，就了解到很早以前国外已开始西藏文书的整理和研究。藏学研究能在国外有其研究机构而且能够形成一门学派，为什么藏学研究在国内却还没有自己的研究机构和自己的学派呢？钢先生可以在中国创立"中印研究中国学派"，②而作为他的中国学生为什么不能创立"藏学中国学派"呢？他曾想过

①王启龙.民国时期的藏语言文字研究[J].西藏民族学院学报，2003（6）：16.
②王启龙，邓小咏.钢和泰学术评传[J].北京：北京大学出版社，2009：82.

以日本榊亮三郎编纂的《梵藏汉和四译对校翻译名义大集》作为蓝本，或拟依照荻原云来编纂的《梵汉对译佛教辞典》加以修订，或参考其他工具书，编纂一部《藏梵汉佛教辞典》以解决中国藏学研究所急需的工具书。但是由于种种原因，都未能付诸实施。于是，他又踏上寻梦的征程。

第二节 欧洲寻梦

20世纪上半叶，总的来说，藏学的研究中心是在国外，具体地说是藏学研究在欧洲比日本要早。因为从19世纪晚期至20世纪早期，英、法、德、意、俄等国的学者或传教士或探险家到西藏探险、传教、考察调查，他们对西藏的历史、文化、习俗、宗教、语言、文字、地理、生物等做了较为全面的搜集、调查、整理与研究，形成一个较为完整的国外藏学研究体系，并取得了一定的成果。

时任国立中央研究院历史语言所所长的傅斯年，对造就中国专门人才非常重视。1932年4月12日致杨铨的信中曾对杨铨分析过为什么有像于道泉这样的专门人才肯在史语所工作的原因，乃是"彼等之所以肯在所者，乃为其学业之前计耳"[1]。并且把于道泉专心致力于藏文一事上升到国家边疆利益安全的层面，即"于道泉君藏文精通，藏语纯熟，蒙藏会必无如此人才也"[2]。换句话说，此次于道泉赴欧学习关系重大，而不是"留而不学"。[3]当然，傅斯年的目的很明确，他要资源委员会出资派送于道泉赴欧留学。并且与于道泉达成约定至少要做好三方面的工作：一是通习语言学；二是调查各图书馆西藏文籍目录；三是遍求西人治此学之成绩。[4]由此可见，此基本是提前预设了于道泉赴欧寻梦的前提和基本要素。

经过一番准备之后，1934年4月，于道泉在上海登上开往法国的阿尔塔南号邮轮，离开了祖国和亲人，踏上了赴欧寻梦之旅。第一站是法国巴黎大学的东方学院，开始学习土耳其文、梵文等东方语言文字。在法国高级学术研究院师从波尔兹鲁斯基

①王汎森，潘光哲，吴政上.傅斯年遗札：第一卷[M].北京：社会科学文献出版社，2015：317.
②王汎森，潘光哲，吴政上.傅斯年遗札：第一卷[M].北京：社会科学文献出版社，2015：318.
③王汎森，潘光哲，吴政上.傅斯年遗札：第一卷[M].北京：社会科学文献出版社，2015：318.
④王汎森，潘光哲，吴政上.傅斯年遗札：第三卷[M].北京：社会科学文献出版社，2015：1142.

（J.Przyluski）教授，从事《大乘庄严宝王经》的梵藏汉文比较学习和研究。在巴黎大学的印度文化学院师从阿尔傅雷德·费舍尔（Alfred Foucher）教授，学习梵文的胜论派哲学。在高级研究院师从巴考（J.Bacot）教授，学习巴考先生用藏文讲解的西藏高僧玛尔巴（Marpa）传。[①]可见，于道泉既要向这些教授学习欧洲和东方语言文化知识，以弥补在国内学习之不足，又要向这些教授学习他们的治学方法和科研精神。如向波尔兹鲁斯基教授学习文本比较研究法，以弥补和钢和泰先生学习的比较宗教法的不足；向巴考教授学习为人和善可亲、不耻下问、谦虚恭让的学者风度，提升自身的学养品质。此外，于道泉还在巴黎大学图书馆和法国国家图书馆做兼职馆员，参与藏文、满文和蒙古文书籍的编目工作。1936年2月9日，巴考教授致信钢和泰教授，信中说"他（于先生）在西藏书目学方面进步很大"[②]。而于道泉在致他父亲的信中也曾自信地说："若泉在此能专心读书，两三年后，或可小有成就……"[③]前文提到于道泉也曾受到意大利图齐教授的邀请，赴罗马东方学院免费学习藏文并且还发生活费，由于担心中央研究院和资源委员会不同意，所以未能成行。但这并没有阻止他在欧洲寻梦的脚步，他毅然迈出第一步，到德国柏林大学继续学习德文，继续寻梦。在德国首都柏林寻梦期间，于道泉还遇到了昔日的同人、朋友王静如先生。顺便说一下，王先生是从英国学习结束后，回到德国柏林大学继续学习德文的。他们一起学习德文以及藏文、蒙文等中亚语文，一起相聚谈学习谈梦想，对于道泉寻梦有一定的启发和影响。

"业精于勤，行成于思"[④]这句名言也许是当时于道泉在寻梦过程中的真实写照。早在国内跟随喇嘛朋友学习藏文时就听过有关西藏的说不完的故事，而今在欧洲听到欧洲探险家和传教士对西藏神秘文化的解释和描绘，或多或少对他有所影响。俗话说"百闻不如一见"，所以于道泉想借比利时组织赴西藏考察队之机，参加该组织赴西藏考察，体验西藏文化。然而，于道泉的这一想法却引起傅斯年极大的不满，致信以告诫："……允外国人以参加中国政府所决不能许可之中国内地旅行，（西藏非中国地耶？）兄在外国数年，岂不看到外国人对其国家是如何尽责乎？中国此时是如何境

①王尧.平凡而伟大的学者：于道泉[M].石家庄：河北教育出版社，2001：328.
②王启龙，邓小咏.钢和泰学术评传[M].北京：中国社会科学出版社，2009：175.
③王启龙，邓小咏.钢和泰学术评传[M].北京：中国社会科学出版社，2009：329.
④雷雨.陋室铭·进学解[M].重庆：重庆出版社，2009：41.

地，岂非吾人肝脑涂地以效力于国家之会，乃为外国服务乎？除告该比人以不能同意外，兄之行止，请问兄自己之良心可也。"①或许在于道泉看来，学术研究是无国界的，但本来是一次不含政治因素学术性科考活动，却被披上了一层政治的外衣。于是，于道泉决定放弃回国的机会，拒绝领取国立中央研究院和资源委员会的资助，在巴黎大学东方学院学习兼教授汉语和在图书馆做助理，为图书馆做编目工作。为了追寻心中的梦想，他不得不一边学习，一边兼职挣钱养活自己和在远方的家小。然而，西班牙内战中人民阵线失败的影响和法国当局的软弱以及法国人民内部"冷内战"导致法国政局不稳、社会混乱、经济萧条、失业人员越来越多，德国法西斯撕毁《凡尔赛条约》，吞并波兰、匈牙利、捷克斯洛伐克等国，拉开了第二次世界大战的序幕。于道泉陷入了学业和职业的困境，他的寻梦之旅也可能面临着中断。

恰值其时，于道泉的故友英籍德国人西门·华德推荐他到英国伦敦大学东方学院担任高级讲师，主要教授中文、梵文、藏文和蒙文等东方语言。在那里，于道泉能够寻求如何建构现代藏学的梦想，继续做藏文教学实践与相关领域研究。萧乾曾回忆说："于道泉本行是藏文，但那时没人学这门，所以他就改教古汉语。我教的是现代汉语。"②当时英国所有处在求学年龄段的青壮年都应征入伍了，学生很少，来学习东方语文的人当然更少。然而，于道泉并不因学生少而减少对藏文、梵文及佛教哲学的研究，相反，他抓紧利用这段富余的时间深入钻研藏学及与之相关领域的研究。萧乾也曾经说："每次我去学院图书馆，都看见道泉兄在埋头钻石梵文。"③于道泉尤其关注新方法新学科的研究动态，尝试将佛教哲学与心理学相结合来研究，试图找到二者的契合点。后来，于道泉在1960年10月13日的日记中曾说："8—12给久德上课，今天讲到俱舍论讲'记忆'དྲན་པ(h30/6b10)有些地方和现代心理学中讲的联想作用很相似。久德同我对这一段都很感兴趣，不过这一段非常难懂。如果没有法文本只靠藏汉文本是无法看懂的"④，而他在1963年1月9日的日记中则记"最使我高兴的是买到了一

①王汎森，潘光哲，吴政上.傅斯年遗札：第二卷[M].北京：社会科学文献出版社，2015：588.

②萧乾.默默的奉献者：庆于道泉兄九十寿辰[M]//.《藏学研究论丛》编委会.藏学研究论丛：第四辑.拉萨：西藏人民出版社，1992：7.

③萧乾.默默的奉献者：庆于道泉兄九十寿辰[M]//.《藏学研究论丛》编委会.藏学研究论丛：第四辑.拉萨：西藏人民出版社，1992：7.

④据于道泉日记手稿。

本《心理学简编》，是伍况甫译W. James的*Psychology Briefer Course*。因为里边有自我（The consciousness of self）一章，是俱舍论《破执我品》的最好的参考读物。"①由此可见，这是较早涉足藏学研究领域。对这一领域的研究直接影响到21世纪初，王联章教授曾说将要在清华大学开设这一领域研究的专业，招收博士研究生，从事该领域的研究。

可见，于道泉要建立一门新的学科，开创一个新的学派，并不仅仅是为了对本学科自身的研究，而是建立在广大学科研究的基础之上，广泛涉猎与本学科相关或相近的学科领域的研究及研究动态。在欧洲寻梦的10多年中，于道泉从一步一步地观摩到实践，以一位学生的身份，以一位研究助理员的身份，以一位教员的身份，游学于法国、德国和英国。尤其是在英国伦敦大学东方学院从教的十多年中，于道泉结合当时西方大学较为先进的教学理论和自己的教学实践与研究，初步摸索出教授藏文的教学方法，并思考怎样将藏学的研究发展与社会进步相结合，使其充分为新社会的发展和进步服务。

第三节　新中国筑梦

北平和平解放，标志着平津战役的胜利结束，并创立了中国人民解放军和平解放国民党军队的"北平方式"，为推进全国和平解放创造了一个典型的范例。于道泉虽远在异国他乡，当闻此重大喜讯时，想想自己多年的梦想即将有付诸实施之地、自己实现梦想的才能将有所施展、自己所信仰并为之终生追求的社会制度也即将诞生，抑制不住激动之情，决定回国。

1949年4月，于道泉打理行装从英国登上广州号轮船，启程回国。回到国内，于道泉稍作安顿后，便开始着手北京的筑梦，即构建中国现代藏学。

一、组建中国藏学机构

中国藏学机构泛指从事中国藏学研究的工作机关或工作单位，特指中国藏学机关、单位的内部组织。要建立中国藏学这门学科，当然首先要组建其机构，并表明机

①据于道泉日记手稿。

构组织各部分排列顺序、聚散状态、联系方式、工作章程等，发挥组织的全体成员为实现一定的工作目标和任务而进行分工、分组以及相互协调与合作的作用。

（一）构建藏语文专业

回国后于道泉接受北京大学校务委员会主席汤用彤颁发的聘书，担任北京大学文学院东方语文系教授。他立刻与时任东方语文系主任季羡林教授见面磋商，决定在东方语文系下组建藏语组开设藏语专业，季羡林教授特请于道泉担任藏语文专业组组长，教员有王森、金鹏、韩镜清等，与于道泉一道共同构筑中国藏学之梦，当年就开始藏学专业招生。虽然第一批只招两名学生，但却有了良好的开端，散播了星星之火，标志着中国藏学作为一门专业学科在中国高等学府从此诞生了。同时，也是于道泉的梦想跨向现实的第一步。

1950年，于道泉听从党的指挥，响应党中央人民政府政务院颁布的《培养少数民族干部试行方案》和《筹办中央民族学院试行方案》两个文件精神的号召，接受国家民族事务委员会负责人之请，积极参与在中央民族学院筹办民族语文系的工作。国家民族事务委员会依照在北京大学东方语文系开办藏语专业班的成功经验，以为祖国全部解放和建设社会主义新中国服务，特别是以西藏和平解放和社会建设的工作需要为中心，决定在中央民族学院优先开办藏语文班，并在同年6月，从全国各地院校抽调一批学生到北京，聚集到于道泉门下，学习藏语文化。在中央民族学院正式开学前，藏语文班已经开班上课，并初见成效。中央民族学院正式开学当天，于道泉亲自组织藏语文班全体学生全天上藏语课，并邀请李春先等在京藏族人士讲藏语听、说（会话）、读等课。

中央民族大学在学校沿革中把这段时期定为初创阶段，初创阶段中的军政干部培训班和藏语文班两个班的286名学生以及教职员工，奠定了今天中央民族大学的坚实基础。其中，藏语文班不但发展成为今天的中国少数民族语言文学学院、中国少数民族语言与古籍研究所和藏学研究院及其相关研究机构（中国藏学研究中心等），而且扩展到其他高校，如西藏民族大学、西南民族大学、云南民族大学、青海民族大学、西北民族大学、兰州大学、云南大学、西藏大学、四川大学、中国人民大学、复旦大学、陕西师范大学（国外藏学研究中心）等。

（二）组建藏学（语）传播媒体

中华人民共和国刚成立，百废待兴。时任中华人民共和国新闻出版总署的第一任署长胡乔木同志，早就听说过许多有关于道泉的趣事，了解到于道泉是一位忠诚的中国共产党老党员，熟练掌握多门外语，又有游学欧洲多年的经历。因此，胡乔木署长力请于道泉出任外文出版社社长。虽然这是党的工作，胡乔木同志的态度也是十分诚恳的，但是于先生为了建设多年来的中国现代藏学之梦，乃以不适合做领导工作，又欠缺组织能力和管理经验为托词而婉言谢绝了。然而，当于道泉接到要在中央人民广播电台筹办藏语广播节目这一重要任务时，他显得异常兴奋和激动，认为这才是他最想做的事业之一。如于道泉曾记录：

今天早约六点起，继续翻译电台的稿子。早饭后因为dgergan和thub bstan nyima到我屋里来，我乃将昨天译完的那一篇念给他们听请他们改了一遍。译到下午两点多2100字的那篇也译完五分之四的时候Ngag dbang dom grub来，我又将昨天译的和今天译的都请他大略给改了一遍……因为dge rgan和Ngag don来阅读了好久，晚饭后译到约七点半多才译完，译完后便骑车送到雍和宫交给Altan Sang的师兄叫他和Altan Sang抄……[1]

从这一段看出尽管于道泉的教学科研工作很繁重，仍挤出时间为中央人民广播电台筹建藏语翻译和藏语播音小组做服务工作，可见其工作态度极其认真、严谨。经过多方努力，于道泉又推荐了当年在国立中央研究院的同人好友李永年、李春先和土图丹尼玛等著名学者，由中央人民广播电台聘请这几位学者一起组建藏语播音栏目组。经过一系列的准备工作后，1950年5月23日中央人民广播电台藏语栏目组第一次正式藏语播音，用藏语把中央人民政府的政策精神和毛主席的声音，通过电波穿越高山峡谷，走进藏区藏族人民的心中，对广大西藏地区人民了解新中国、欢迎新中国，积极参与新中国、新藏区的建设，具有划时代的历史性意义。在中央人民广播电台藏语播音栏目组的影响和带动之下，青海人民广播电台藏语广播、西藏人民广播电台藏语广

---

① 据于道泉日记手稿。

播等先后组建，充分发挥了它们的历史性作用。

（三）创办藏学（文）报刊

1950年5月23日，中央人民广播电台藏语栏目正式播音以后，于道泉每天都要翻译处理许多稿件，在这些稿件中有许许多多的新名词新术语出现，要求用藏语广播。针对这些新名词新术语，而时间短又没有相关文献资料可供参考，于道泉只有和几位藏族学者友人反复商榷、斟酌后，按照藏语文的音义形式转写汉语的音，且能表达汉语的义，又符合藏语相应的词汇和语义。如一些高频词 "人民" "解放" "广播" "人民解放军" "民族统一战线" "人民政府" "民族团结" "书记" 等等，都采用仿罗马字转写为 "mivmangh" "bcingvgrol" "kunkhyabglongvphrin" "mivmanghjingfzhoefmah" "mivrihtacbfqoh jigfgyuuf" "mivmangh xoofgoof" "mivrih tuenfzhiif" "shuufjif" 等等。

于道泉和其他几位同事，把这些每天播音的藏文广播稿进行编辑刊印成《藏文信息报》（内部发行藏文版）。从此藏文报纸就诞生了，它曾在推广藏语文新词汇新术语方面发挥了积极的作用，深受驻京藏族人士及有关工作人员的欢迎并推行，是广大藏族人士最喜爱的报纸之一。这份报纸虽然是内部发行，但是它却是新中国发行的第一份藏文报纸，为以后创办的藏文报刊打下了一定的理论基础，提供了可行的宝贵经验。

二、培养藏学人才

斯琴认为于道泉作为我国早有名气的语言学家、藏语言文学家，在中华人民共和国成立后，主要从事藏学人才培养。[①]由于处在中华人民共和国成立初期，于道泉明确指出一切科研要为新中国社会的进步、建设与发展等服务，藏学人才应围绕此中心展开培养。因此，于道泉和同事们制定了一系列的实施步骤，有计划地推进藏学人才培养。

（一）应用型藏学人才

我们谓之应用型藏学人才，即指能将（藏语）专业知识和技能应用到广大藏区社会主义事业建设与实践中的一种人才类型，熟练掌握藏区社会生产及其相关活动的基本知识和基本技能，服务藏族和藏区建设与发展。

---

①斯琴.中央民族大学中国少数民族语言文学学科纵览[M].北京：民族出版社，2000：36.

中华人民共和国成立之初，针对广大藏区社会复杂的形势，急需的首先是应用型藏学人才。金鹏、韩镜清二位同事和接受藏语文学习不到半年的两位学生，均被抽调到西藏文化工作队工作，参加进藏工作。这一件事使于道泉充分意识到祖国边疆西藏的建设和发展急需培养藏学人才的实用性和紧迫性。为此，于道泉与季羡林、费孝通等专家协商，依照中央政府有关文件精神，决定在北京开办藏语文速成班，由于道泉制定藏学人才培养方案和具体的教学计划，从国内各院校抽调一批优秀学生集中培训。学制两年，共开设三门课程：专业课是藏语文，基础课是语音学，知识课是现代西藏。于道泉亲自主讲藏语文专业课。①

于道泉根据自己学习多门语言的经验，及之前从事藏语语言教学研究积累的经验，又吸收国外先进的语言教学技能和相关理论，结合当时国内实际情况，制定出一套简便而行之有效的藏语科学教学法，一举打破了过去重视阅读能力，轻视听说能力培养的老传统，转而强调对现代藏语口语的学习。车谦曾撰书直言其是"极富远见的教学思想"及"一丝不苟、教学有方"②。他们不按常规的教学程序进行，采取的培养方法是有效的、应用的、科学的和实践的。例如，为了解决学生在藏语初学阶段对语音、词汇和文法等顾此失彼而进展不快的问题，于道泉根据学生的实际情况和藏语（拉萨方言）的语音特点创制了一套藏语（拉萨方言）的拉丁拼音转写系统。这套系统的优点是只用二十六个国内外通常比较熟悉的拉丁字母，没有其他附加符号，辅音和元音除个别外，最多用两个字母来表示，声调用四个字母放在音节末尾表示，十分科学，简单好用，便于学习掌握，且转写成藏文也很容易。学生大概花一个星期就学会了③。这套拉丁拼音系统编写藏语入门教材，由浅入深，充分体现教材的趣味性、故事性、生活性、知识性和连贯性，能使学生达到在短期内能掌握日常藏语交际口语的目的。然后再学习藏文，这样既容易记忆，又便于朗读。不但提高了学生们的学习兴趣，而且增强他们的自主学习能力。实践证明这套方法是科学的。另外，他将"置身庄岳，事半功倍"的语境情景学习法运用到藏语教学实践活动之中，自己亲自带队将

①车谦.老师与楷模[M]//《藏学研究论丛》编委会.藏学研究论丛：第四辑.拉萨：西藏人民出版社，1992：32.

②车谦.老师与楷模[M]//《藏学研究论丛》编委会.藏学研究论丛：第四辑.拉萨：西藏人民出版社，1992：34-35.

③车谦.老师与楷模[M]//《藏学研究论丛》编委会.藏学研究论丛：第四辑.拉萨：西藏人民出版社，1992：37.

学生送到藏族人民聚居的村庄和寺庙中实习。为了达到共同学习提高的目的，除了以班、组为学习单位外，还成立了互助小组，互帮互学；按计划在规定时间内组织同学接触藏族群众，为群众做好事，和群众密切交流，并注意收集藏语语料。这样做一来突显了学生学习藏语言的实战性和科学性；二来锻炼学生意志，提高学生思想水平。这一成功的教学经验，从此成为中央民族学院民族语文系的常规，在教学中一直施行[1]。

同时，因为于道泉肩负着中央人民广播电台藏语栏目组稿件的编译工作，任务繁重，无法承担所有教学任务，所以又从北京大学请来了马学良[2]教授承担藏语基础课教学任务，专门对学生进行藏语语音训练。继而又专门请西藏藏族老师讲授现代西藏这门知识课，如请从西藏来京学习的藏族人士阿旺顿珠、阿旺斯革、罗桑群觉等人帮助学生学习地道的藏语，了解西藏的历史文化，掌握关于西藏的知识。这个班的学生毕业后，除了一小部分留校从事教学和科研外，大部分都及时分配到相关的地区部门。事实证明，这个藏语班是后来的专科班、本科班和研究班发展的重要基础。

（二）研究型藏学人才

我们所讲的研究型藏学人才，即指具有坚实的藏学基础理论知识、研究藏学的系统方法、更高水平的科研和创新能力，针对藏族和藏区各个领域能独立或协作从事研究和创新的人才。

培养研究型藏学人才是于道泉构建中国现代藏学梦想的夙愿之一。作为一代学者名师，经受过历史大潮的洗礼，于道泉深知一门学科没有科研人才从事研究，本学科就毫无生命力；不了解该学科学术前沿动态，就会迷失发展的方向。因此，在中央民族学院成立后，教育部就把北京大学、清华大学等国内高校的部分学生和教师调整到中央民族学院，使师资队伍不断扩大，增强师资队伍力量，学生数量不断增加。经过近十年的探索与发展，中央民族学院有了一定的藏学人才储备和做科研的基本条件。加上其他高等院校的藏学学科也相继发展起来，从数量上讲，全国在藏学人才培养上有了一定的规模，藏学人才亟待进一步优化。因此，于道泉开始酝酿如何从质的高度、深度和广度进一步加强藏学人才的培养。

---

①王尧.平凡而伟大的学者：于道泉[M].石家庄：河北教育出版社，2001：352.

②马学良（1913—1999），字蜀原，山东省荣成市人。著名语言学家、民族语言文学家、民族教育家、中央民族大学民族语言文学学科奠基人之一、博士生导师、终身教授。1938年毕业于北京大学文科研究所。曾在西南大学、中央大学、中央民族学院任教授，并兼任少数民族语言研究所所长、研究员、会长等职。代表作有《撒尼彝语研究》《马学良民族语言研究文集》等。

早在1960年，于道泉就决定举办藏文研究班，当年进行招生，学制三年。至此，培养研究型藏学人才的机构诞生了。当时，于道泉的招生计划是既考虑国内招生，又考虑国外招生；既考虑招收藏族学生，又考虑招收其他民族学生。制定培养方案和教学实施步骤，如于道泉曾与"周、罗、格、札等谈了研究班暑假后课程，决定开（1）诗论（2）哲学名著选（3）印度佛教史等"，[1]在历史、宗教、哲学、民俗、文化等领域全面拓展培养，又聘请著名学者名师授课，如东嘎·罗桑赤列、扎希仁青、格西和土登各杰等藏族学者先后担任主讲教师。同时，配备藏语教研组里的青年教师做辅导员，并要求他们能边工作边学习，做到教学相长。在研究班试行开办传统文化学术讲座，并邀请喜饶嘉措大师、法尊法师、周叔迦、吴丰培、王森等诸多前辈学者，分别在佛学、史学、哲学、目录学等领域，讲授这些学者的治藏学之专长，对开阔这些青年教师和学生们的藏学学术研究视野，激发他们从事藏学研究的兴趣，增强学术信心，均收到了良好的效果。有人曾说这两期研究生班为国家培育了一批专门人才和合格的边疆工作干部，实现了于道泉当初以知识报国的理想和愿望。

（三）国际型藏学人才

我们所说的国际型藏学人才，即指具有国际化藏学研究意识、胸怀以及知识结构、研究视野和科研能力，在国际化藏学研究中善于捕捉时机、抢抓要点和主动出击的藏学人才。

中国现代藏学人才培养国际化是于道泉站在历史高处制定培养藏学人才的目标之一。前文提过研究生班的招生，就考虑到向国外招生，如于道泉曾在1960年3月3日的日记中写道："上午8-10:30给列社托夫上课，把 ཤང་ 从21页10行的 གཏགས་མཚན་སྒྲ་འཛིན་ཡང་སྙིང་པོ་མེད་ 讲到22页9行 རྣལ་རྡུལ་ཤེ་ཨེ，讲完时已过了下课时间（10:30），下课后回家吃饭，饭后同徐盛、马汝到十七楼11教室去看学校给留学生上课的教室。我们讨论了一下应该怎样安排座位。约十二点回办公室躺下睡了一觉，一点多起到11教室去给久德上课，将 སྒྲ་ལིག་བདག 从第1首讲到第15首。"[2]由此可见，招收留学生和给留学生上课，是于道泉对现代藏学人才培养的国际化目标。具体包括以下两方面。

（1）生源国际化，即藏学专业招生来源标准国际化。例如，当时捷克斯洛伐克共和国选派科学院汉学研究所的高马士（Josef Kolmas）博士来中国，跟随于道泉学习

---

①据于道泉日记手稿。
②据于道泉日记手稿。

藏文及藏族文学。回国后先后撰写论文《德格印经院藏文印版目录》《萨迦格言捷克文译注》《白居易代表皇帝致吐蕃赞普及大相的四封信研究》等，成绩突出，在藏学研究方面颇具影响力，成为东欧知名的年轻一代藏学家，且曾到澳大利亚堪培拉大学客座讲学一年。又如苏联莫斯科东方学研究院派送巴弗尔诺维奇先生来中国，师从于道泉教授学习藏文、藏语，回国后编写并出版了《藏语初阶》（俄文版）。蒙古人民共和国科学院久德（祖道尔）先生前来中国，从于道泉教授学习《俱舍论》等藏文译本。回国后获院士职衔。这样的国外藏学学子数不胜数，他们在于道泉教授的精心培育之下皆学有所成。

（2）培养标准国际化，即藏学人才培养采用国际化标准。于道泉自从就读基督教差会主办的齐鲁大学开始，就接受了当时西方先进的教学模式和人才培养理念，后来到法国巴黎大学、德国柏林大学进修深造，对人才培养标准的国际化感悟深刻，尤其是在伦敦大学东方学院担任高级讲师期间，受到伦敦大学的国际化办学模式和培养人才国际化标准的深刻影响。因此，回国后，当于道泉在制定中国现代藏学人才培养方案时，就努力把藏学人才培养定位在国际化标准的平台上，充分展现了他的梦想宏图：中国现代藏学人才不但要深深扎根于中国这片土地上，而且要有海纳百川的胸怀和放眼全球的视野。于道泉要求攻读藏学专业的学生首先夯实藏语和汉语基础，其次通晓一门外语，可再学第二门、第三门语言，甚至更多语种。积极推荐学生参加国际大型学术会议，进行国际学术交流，极力推进中国现代藏学国际标准化的进程，逐步把控藏学的话语权。如向舒迪特（Dr. Dieter. Schuhe）博士和庞伟（Dr. W. Benck）博士举荐王尧去维也纳参加"纪念乔玛学术研讨会"等。同时，还积极邀请国外知名藏学学者来中央民族学院开展学术交流活动，如邀请东德莱比锡大学藏学教授舒伯特来中央民院，到语文系发表"珠穆朗玛峰的名称问题"为题的演讲，于道泉担任演讲主持，胡先晋教授担任演讲现场翻译。

可以看出，于道泉对中国现代藏学人才培养国际化的路径是"请进来、走出去"的模式。于道泉所创的中国现代藏学人才培养的方式，是中国教育史上的范式之一。

第六章
与国内外学术界的交往

一个幼儿的健康成长离不开父母的抚育；一位学者的学术养成离不开他身边的良师益友。因此，我们要确定于道泉在中国现代学术界的地位，当然离不开研究他与国内外学界的交往。

于道泉出生于书香世家，亲历晚清政府的衰落、北洋政府的混乱和民国政府的软弱腐败，目睹父辈们为谋国富民强而东渡日本求学和面对军阀混战的无奈而加入中国共产党，从齐鲁大学到北京大学求学，再到北海图书馆任助理研究馆员和中央研究院任助理研究员；再度西去求经，从巴黎大学到柏林大学求学，以及在伦敦大学任高级讲师。直到中华人民共和国成立后，任职于北京大学和中央民族学院。

简言之，于道泉为追求社会进步，追求科学真理，追求自己的现代藏学梦想，一路披荆斩棘，努力奋斗，又巧遇贵人相扶。于道泉是一位孜孜不倦的学者，一位对个人名利了无兴趣，毕生默默奉献的无私的人。笔者在中央民族大学查阅于道泉的有关资料时，有人敬称他为神秘教授，也有人谓之特立独行。其实，他是最朴素的，没有一点学术大师的架子；他少说多干，勤于学研；待人谦和，平易近人，处事乐观，乐于助人，富有同情之心。无论是在国内还是在国外，于道泉都是深受大家欢迎的学者。

第一节　默默的奉献者和良师益友

谈及对于道泉的印象，有人称之为奇人，有人称之无私无畏的探索者，有人称之老师之楷模……这里我们认为用默默的奉献者和良师益友来概述，更能真实地反映于道泉的整体形象。

一、默默的奉献者

这里所说的"默默的奉献者"是引用萧乾的观点："这句赞词用在于道泉教授身上，他是当之无愧的。从二十年代起，他就无私地献身于藏语及藏学研究。在这漫长的岁月中，他安于寂寞，从不在社会上抛头露面。然而，对于藏学教学以及藏语研究，他却做出了不可磨灭的贡献。"[①]的确如此，于道泉的一生，大部分光阴都在书海文山中度过。然而，他绝非是一位脱离外界现实生活的书呆子，在对国内外思潮的变化以及政治的动态走向上把握准确，充分展现了他睿智的思考力和深邃的洞察力。无论他处在什么样的社会环境中，担当何种社会角色，都能尽他所能地奉献自己的智慧。

早在齐鲁大学读书期间，于道泉就加入了勤工俭学的行列，在学习生活实践中，锻炼自己，奉献自己。如燕京大学的许地山先生，也就是常在《小说月报》上发表小说的"落花生"先生，暑假期间来到山东齐鲁大学的暑期学校讲学的时候，于道泉还是齐鲁大学的半工半读生，许先生的演讲稿都由于道泉送往油印室，因此于道泉认识了许先生。由此可知，于道泉早在上齐鲁大学时，就已养成乐于默默奉献的人格精神。不管是孜孜以求地做学术研究，还是修养个人思想品德，于道泉都是一如既往。早在1924年，于道泉就已经秘密地成为一名中国共产党党员，秘密地为党组织工作，组织领导思想进步的青年积极参加党组织生活，指示进步青年开展党组织的社会活动。此外，于道泉还积极引导自己的弟弟妹妹们接受共产主义思想，直到他们光荣地加入中国共产党，在党的各条战线上从事革命工作。

值得一提的是，于道泉还通过世界语协会和共产国际成员取得了通讯联系，加强和国际共产主义者之间的沟通与交流，以提高他本人的思想觉悟，养成共产主义世界观，摒弃资本主义剥削思想。如于道泉在游学欧洲期间与自己信仰相悖的国民党政府及其相关机构脱离了关系。于道泉继续通过与国内亲人书信往来或参阅国外的媒体报刊，关注抗日战争形势，了解中国的抗战情况，坚信最后胜利一定属于中国人民。于道泉曾在致友人的信中说过"我十二万分相信中国的革命必然要胜利，日本侵略者必败"[②]的论断。诸如此类思想，在于道泉与李安宅、于道源、陈云、于若木等亲人的往来书信中，均得到充分的肯定。

作为身居海外的一位爱国学者，于道泉充分"以笔为钢枪"，将中国的文学作品

---

①萧乾.默默的奉献者：庆于道泉兄九十寿辰[M]//《藏学研究论丛》编委会.藏学研究论丛：第四辑.拉萨：西藏人民出版社，1992：5.

②王尧.平凡而伟大的学者：于道泉[M].石家庄：河北教育出版社，2001：339.

译为英文。如将赵树理撰写的有关解放区的小说《李有才板话》等译为英文。充分证明了于道泉虽身在国外，却心系祖国人民的新生活新事业。再者，他充分发挥了自己旅居国外的优势，默默地为党的事业和抗日救国做贡献，让欧洲民众乃至全世界民众及时真实地了解和认识到，在中国共产党的领导下，解放区人民的新生活和新文艺。

1949年于道泉归国之后，面对祖国大地处处万象更新的社会主义事业景象，他积极响应党中央的号召，为祖国边疆西藏的和平解放和社会建设培育人才，并组建中央人民广播电台藏语节目组的藏语广播栏目，及时把党中央的政策精神翻译为藏语，通过无线电波传到遥远的藏区，让藏区人民及时了解党中央的政策法规和毛主席的指示精神，促进藏区与内地的文化交流。于道泉没有要求恢复他的党籍，也没有要求担任领导职务。但是，这并不意味着他脱离党组织和失去党性原则，相反，他已将党组织生活和党性原则内化于心，外化于他的日常行为规范之中，始终保持作为一位资深的老党员的本色，从不假公济私或因私废公。如王尧回忆说："有一次周末，陈云同志和夫人于若木下班，乘坐中央领导专车顺道来到中央民族学院教职工宿舍（南二排）大院，想拜访一下（大舅哥）于道泉。于道泉出门看到（妹夫）陈云和（妹妹）于若木来拜访他，很高兴！但是当他看到他俩是乘坐公车来时，于道泉不让他俩进屋，寒暄数语，相视而笑！"大家都知道陈云是一位党性原则很强的同志。陈云虽然是顺道拜访（大舅哥）于道泉，似乎讲得过去，但是他乘坐的是公车，所以就不能来办私事。两位老党员相逢，彼此监督，互不为误，体现了他们"党的原则高于一切"的信念。可见，于道泉在党的纪检问题上，以身作则，为保持党的纯洁性身体力行，树立了共产党员公正无私的形象。简言之，于道泉不管是在学术研究，民族文化交流，还是在思想信仰上，都是一位默默的奉献者。

二、良师益友

所谓良师益友，即使人得到教益和帮助的好老师、好朋友。笔者认为用这个词来赞誉于道泉是最适合的。不管是他的学生还是他的同事，或社会人士，他们不论在学术上还是在生活上存有疑问或遇到困难，凡是向他请教的，只要有把握，他就会毫不保留地给予满意的答复。没有把握的话，他将花费相当多的时间亲自去查阅资料或与其他学者探讨后，再给予答复。

（一）良师风范

作为良师，车谦曾说于先生教学严肃认真、一丝不苟，很少遇到过这样负责的老师。于先生一辈子兢兢业业，治学严谨。无论是备课、讲课还是批改作业，都做得十分认真细致，不放过一词一语。也曾为一两个词拿不准，就骑着自行车从中央民族学院跑到很远的雍和宫去请教。在教学活动环节，于道泉尽可能地做到科学化、实践化、情感化，主要体现在以下几方面。

第一，善于沟通，于道泉先生与学生沟通，积极分享彼此的学习心得和研究成果，是他的常规教学方法之一，把自己积累的丰富经验毫无保留地传授给学生或他人，惠及大众。于老曾说学一门外语一定要持之以恒，哪怕是每天只坚持半个小时，每天记五个生词也好，时间长了，就能见功效；可以找几篇写得好的文章作为范文来学习，记诵上面的词语，最好把整篇文章都背得滚瓜烂熟，这样提高得更快，所谓"熟读唐诗三百首，不会吟诗也会吟"就是这个道理；记生词可采用卡片记忆法，即把生词写在卡片上，随身携带，随时复习和巩固……实践证明，这种学习语言的科学方法至今仍是极其有用的。

第二，乐于分享，即他把自己如何学习各种语言和做科研的心得与同学们分享。于道泉认为只要认真学通了一门外语，再学其他语言就省事多了，关键在于要"学通"。比如说"精通了英语后再学法语，其所花的精力大约只需学英语的二分之一；然后再学德语的话，则所花精力只需四分之一……。这是因为西欧语中有很多同源词或国际上通用的新词术语，语法也存在着对应的规律。"[1]同样的方法在西南少数民族语教学实践中证明是可行的：若学会并精通藏语时，再学梵语也会减少很多时间。若学会水语后，再学侗语所花精力约只需学水语的二分之一。[2]

另外，于道泉不仅喜欢把自己的学习心得与学生们分享，而且也喜欢和朋友分享读书之乐趣。应琳先生回忆于道泉曾介绍各种版本书刊给他读，其中有蒋彝和韩素音两位作家早年定居国外所写的两本文情并茂的传记小说。两位作者身世各不相同，风格各有异同，要么如孤松挺秀，要么如闲云潇洒。但是，具有同样浓烈的赤子情怀。当两位先生再次踏上祖国大地的时候，于道泉复将书籍拿出来，并建议应琳先生把它翻译成汉文。[3]

第三，注重对学生及年轻后辈的培养、提携。于道泉对年轻后辈的培养和提携，可谓做到无微不至，如王辅世曾回忆，在1976年，于道泉想让他掌握吉林省四平街法

①车谦.老师与楷模[M]//《藏学研究论丛》编委会.藏学研究论丛：第四辑.拉萨：西藏人民出版社，1992：39.
②因为水语与侗语约有60%是相近词，语序规则很相近。
③应琳.无私无畏的探索者：于道泉教授[M]//《藏学研究论丛》编委会.藏学研究论丛：第四辑.拉萨：西藏人民出版社，1992：27.

国天主教传教士发明的拼写切韵音系的汉语拼音文字，于道泉把自己收藏的用这种文字拼写的课本和一本又厚又大的以这种文字标汉字音的汉英法字典赠送给他，想让他做这方面的研究。王辅世认真学习后，把课本上的拼音文字都转写成汉字了。由于那时国家大力推广普通话，人们已经习惯用汉语拼音方案标注汉字的音，所以他就没有继续深入学习和研究这种超方言的拼音文字，感到辜负了于道泉的一番苦心。[①]的确如此，很多后来在学术领域卓有成就者都曾得到过于道泉的培养和提携。于道泉常说"青年们在努力从事科研工作时，是需要老一辈的鼓励和支持的"。[②]

实际上，有关于道泉作为一代师者风范的事迹，数不胜数。作为良师的一面旗帜，他不但博学多闻，造诣深厚，而且虚怀若谷，从不骄傲自满。为社会酝酿了无限的正能量，无疑是后一代青年师者的楷模，他的精神将引领青年一代在教学与科研的路上继续探索前行。

（二）益友情怀

于道泉在怎样作益友方面也为后来者树立了标杆和榜样，例子不胜枚举。

马学良教授曾讲过许多有关于道泉助人为乐的轶事。如于道泉先生曾经雇了一个保姆。当他得知保姆的子女还没有工作，就在家里亲自教授保姆的子女用英文打字机学打字，且不收任何费用，并管吃管住，让他们学会打字及基本维修技术，有一技之长，以便于找到工作。从这件小事足以看出他具有"幼吾幼，以及人之幼"的大爱精神。再如，于道泉刚从英国回国之初，未来得及在北京安家，仍然住在雍和宫。只有铺的一条毯子和盖的一条被子。那时正值冬季，一个从南方来北京大学学习的学生缺少铺盖，以为于道泉是北京大学教授，家里肯定会有富余的铺盖，便向于道泉借一条被子。于道泉没有告诉那个学生自己刚回国，没有安家，也没有多余的铺盖，而是毫不犹豫地把自己的毯子借给那个学生，把被子盖一半铺一半，度过了一个寒冷的冬天。这件事情充分表现了于道泉舍己为人的高尚情操和自我牺牲的崇高精神。王尧也曾告诉笔者：当年，于道泉在法国留学时，尽管手头不算宽裕，还养着家小，却把资源委员会和国立中央研究院资助的为数不多的留学经费，拿出来供在法国留学的同学和朋友共同使用。并且他还经常资助那些遇到困难的同学及朋友，使他们渡过难关，如陆侃如、石泰安等。以上事例，充分说明于道泉不但富有乐于助人的精神，而且具

---

①王辅世.记于道泉的几件小事[M]//《藏学研究论丛》编委会.藏学研究论丛：第4辑.拉萨：西藏人民出版社，1992：25.

②黄颢，吴碧云.仓央嘉措及其情歌研究（资料汇编）[M].拉萨：西藏人民出版社，1982：5.

有友好互助的共产国际者品质。简而言之，于道泉作为益友为世人树立了榜样。他交友、待友、助友的高尚精神是今天我们学习的榜样，对如何对待朋友，无疑会起到良好的指导作用。

总之，不管是作为良师，还是作为益友，于道泉都为青年一代树立了良好的形象。他的行为是后一代的楷模，他的思想是后一代的智慧宝库，永远照亮着继来者前进！

第二节　与国内学术界的交往

于道泉无论在中国求学，还是在欧洲游学，一直都和中国学术界保持密切的往来，这一点很值得我们书写。非常遗憾的是我们所掌握的材料还十分有限，只有在学术界同人与于道泉来往的书信中或撰写的著述中，查找有关于道泉的字句。由于时间跨度较长，所以在众多中国学术界名流学者中只选出几位作为代表，仅作简明扼要的梳理分析。

一、于道泉与陈寅恪

陈寅恪（1890—1969），名彦恭，字鹤寿，江西省义宁（今九江市修水县）人，著名历史学家。1890年7月3日（光绪十六年五月十七），生于湖南长沙。祖父陈宝箴曾任湖南巡抚，积极主张维新变法和兴办新政。父陈三立，是光绪年间的进士，晚清著名诗人。幼年时，陈寅恪在家塾读书，就已接触到西学。1902年，随长兄陈衡恪共赴日本求学，入东京巢鸭弘文学院，就读高中，因病回国后，入吴淞复旦公学就读。从1910年起，负笈欧美，在（德国）柏林大学、（瑞士）苏黎世大学、（法国）巴黎高等政治学校社会经济部、（美国）哈佛大学等世界著名院校攻读比较语言学、佛学，长达十余年。自1925年起，先后任清华大学教授、导师，故宫博物院理事、清代档案委员会委员，中央研究院研究员、理事等职。1937年，"七七"事变后，曾任西南联大教授、香港大学客座教授、牛津大学教授、广西大学教授。1945年，获得英国皇家外籍院士称号。1946年，重返清华园。1948年之后，任岭南大学教授。1952年，全国高等院校进行调整后，改任中山大学教授，直到1969年10月7日病逝。曾当选第三和第四届全国政协委员，担任中国科学院哲学社会科学学部委员，及中央文史研究馆副馆长和《历史研究》编辑委员会委员等职务。毕生从事学术研究和教书育人工作，为祖国培育出大批栋梁之材。其治学严谨的态度及待人以诚的品格，受到国内外学术界一致敬重。著述颇丰，主要有《吐蕃彝泰赞普名号年代考》*Notes on Sanangseten's* "*Geschichte der Ost-Mongolen*"（Ⅱ）、《唐代政治史述论稿》《元白诗笺证稿》《柳如是别传》等等。

说起于道泉和这位被称为"清华四大导师"之一的陈寅恪的交往，还得从与陈寅恪旨趣相同的师门钢和泰男爵举办的"家庭研读班"说起。那时，于道泉在北京大学跟随梵文教授钢和泰男爵学习梵文、研究佛经，并担任钢和泰男爵梵文课堂的英文翻译，又在钢和泰家里与钢和泰男爵一起吃饭。因此，当陈寅恪去钢和泰男爵的寓所，参加钢和泰先生所办的"家庭研读班"时，就和于道泉相识了，并在那里结识了一批志同道合者。他们和钢先生一道研习梵文，共同讨论梵文和佛经。此有陈流求女士的笔记记录为参考：

> 父亲从不满足自己掌握的治学工具，每逢星期六上午，不分寒暑都进城到东交民巷找一位名叫钢和泰的外籍教师，学习梵文。①

人生机缘使于道泉遇到了陈寅恪，他们在一起研读梵文，讨论佛经、佛典。于道泉刻苦学习梵文的精神与陈寅恪积极探讨梵文佛学的旨趣，使二人十分投缘。据有关资料显示，陈寅恪自1925年回国后，一直参加钢和泰在其寓所举办的"家庭研读班"，长达十余年之久！②由此可见，这一批旨趣相投的人士之间，他们的关系非同一般，不但在研读梵文佛典之中互相学习，彼此受益匪浅，而且形成了良好的学友关系，情谊深厚！

后来，当傅斯年将梵文学人才"已函寅恪详筹之"，③即把中央研究院历史语言研究所要寻找梵文文学人才的任务委托陈寅恪具体办理时，陈先生就考虑到把于道泉推荐到中央研究院历史语言研究所担任助理研究员工作。于道泉曾说因为他的家庭情况发生了变化，他的经济负担加重了，每周自学三天的计划无法继续下去，乃由清华历史系的陈寅恪教授介绍到当时新成立的中央研究院历史语言考古研究所历史组担任助理研究员的工作。从此，于道泉走进了象征当时中国的最高学术机构——中央研究院。

---

①汪荣祖.陈寅恪评传[M].南昌：百花洲文艺出版社，2010：50.

②王启龙，邓小咏.钢和泰学术评传[M].北京：北京大学出版社，2009：114.

③王汎森，潘光哲，吴政上.傅斯年遗札：第一卷[M].北京：社会科学文献出版社，2015：95.

由于于道泉秉承了钢和泰男爵一脉的学术研究方法，非常符合陈寅恪做学术研究的路子，所以在梵文和藏文等古文献典籍研究领域，继续与陈寅恪作搭档，从事藏文典籍的搜集、整理与研究，由此开启了于道泉从事中国藏学研究的新篇章。

当时，陈寅恪是清华大学历史系的教授，而国立中央研究院历史语言研究所又聘他为历史组主任兼研究员，他的工作量很大，需要得力的助理研究员协助完成科研任务。为解决这一问题，陈先生就极力推荐于道泉到史语所任助理研究员。前文提过为解决这一问题，《中央研究院章程》也做过明确规定："第四条 助理员除辅助研究员研究工作之进行得受研究院之指导自作研究；第五条 助理员须遵守研究院及各该所关于职员之规则受所长及主管研究员之指导。"①所以说，于道泉作为中央研究院的助理研究员，不但受研究院之指导从事研究，而且担任陈寅恪的助理研究员，接受陈寅恪的学术指导。由此，奠定了于道泉与陈寅恪两人在国立中央研究院里的"同事"关系。如于道泉在陈寅恪的指导下，经两人一致努力，最终完成了《西藏文藉目录》等。事实上，于道泉作为史语所助理研究员，做学术研究还是受到很多条件的限制，不是他想做什么研究，就可以立项什么研究。于道泉曾说过自己想编纂藏汉词典，以满足整理与研究西藏历史文化典籍的迫切需要。为此，他向傅斯年提出编纂汉藏词典，但是傅斯年不同意，且并不只是傅斯年一人的意见，主要还是陈寅恪教授的意见。

于道泉和陈寅恪的亲密关系在后来的一些事件中得到印证。如于道泉在欧洲游学时，与傅斯年之间产生一些误会，并引起一些不愉快的事情，于道泉首先考虑的是陈寅恪，只有他能够帮助化解自己与傅斯年之间存在的问题或分歧，为此写信②与陈寅恪交流。从信中内容得知，于道泉在欧洲游学期间，确实与傅斯年存在难解的问题。于道泉向陈寅恪和盘托出，并承认自己因此而患上心理疾病，导致精神问题，并用心理学知识做出分析。于道泉还委婉道出傅斯年之语并无恶意，但总是迈不过这道坎。只有寄希望于陈寅恪阅读之时"不必以普通人眼光批评之，视作《狂人日记》"。或许他们之间存在更多默契之处。

另外，我们③第一次在中央民族大学教师公寓采访王尧先生和第二次诚邀王尧先生莅临陕西师范大学国外藏学研究中心成立大会期间，与王先生交流十分愉快而有趣。当我们谈到于道泉与陈寅恪的往来时，王尧先生显得异常兴奋，竖起大拇指说

①据于道泉日记手稿。

②王尧. 平凡而伟大的学者：于道泉[M]. 石家庄：河北教育出版社，2001：331-332.

③笔者和中国人民大学国学院石岩刚博士。

"好"，并讲了陈寅恪与于道泉之间的许多轶事。其中还特别提道："陈寅恪先生在英国治疗眼病期间，每天于道泉都在照顾陈先生的起居生活，端茶送水。为了解除陈先生的痛苦和烦闷，于道泉还读德文版《资本论》给陈先生听，希望陈先生的眼病能治愈，恢复光明！"故而，笔者认为解放战争期间，陈寅恪谢绝了傅斯年的赴台邀请，或许于道泉先生在其中发挥了一定的作用。中华人民共和国成立后，他们二人都全身心地投入到新中国的建设之中，无论工作如何繁忙，于道泉也常关注身居南国广州的陈寅恪先生。[1]

总之，在走向中国现代藏学的道路上，于道泉不但受到了钢和泰男爵的学术文化影响，而且还受益于陈寅恪的学术方法指导。因此，王尧曾说过"这里，特别要说的是，实际上中国现代藏学研究是陈寅恪先生（1890—1969）开的头，于道泉先生（1901—1992）继其后开辟了中国藏学研究……"[2]。事实证明了陈寅恪和于道泉在藏学研究发展道路上是一致的，都为中国藏学发展作出了不可磨灭的贡献。

二、于道泉与傅斯年

傅斯年，字孟真。1896年3月26日，出生在山东省聊城的一个举人之家。国立中研院史语所所长。1909年，入天津府立中学堂就读。1913年，考取北京大学预科。1916年，升入北京大学文科。由于受到自由、民主与科学新思潮的深刻影响，1918年与罗家伦[3]等人组织成立新潮社，携手一起创办了《新潮》月刊，刊旨主要是提倡新文化，影响颇广。从而，成为北京大学学生会领袖之一。"五四运动"期间，傅斯年担任游行前总指挥，可谓风云一时。后来，因受到胡适思想的影响，转而反对"过急"运动。不久后，回到书斋。1919年北京大学毕业后，到伦敦大学研究院和柏林大学哲学研究院，攻读生理学、实验心理学、物理、数学、勃朗克量子论和爱因斯坦相对论等。另外，还对考据学和比较语言学产生兴趣。1926年冬回国，翌年春，在广州出任中山大学教授、文学院院长，兼任中国文学和史学两系主任。1928年11月起，一直担任国立中央研究院历史语言研究所所长，创办了《历史语言研究所集刊》，兼任主编。1929年春，历史语言研究所从广州迁往北平，傅斯年兼任北京大学教授。1932年，加入胡适主持的独立评论社，并在《独立评论》周刊上发表政论文章，赞成抗

①据于道泉日记手稿。

②王尧，王启龙，邓小咏．中国藏学史（1949年前）：修订版[M]．北京：中国社会科学出版社，2013：9.

③罗家伦（1897—1969），字志希，笔名毅，现代教育家、思想家。

日，并对南京政府所执行的外交路线持批评态度。1937年春，傅斯年兼代理国立中央研究院总干事一职。抗日战争爆发以后，担任国民参政会之参政员，兼西南联大教授。主张抗战，极力抨击贪官污吏。抗战胜利之后，曾一度代理北京大学校长一职。1948年，当选为南京国民政府立法委员。1949年1月，跟随历史语言研究所迁到台北，兼任台湾大学校长一职。学术上，傅斯年持新风考证学派之传统，主张纯客观之科学研究，并注重史料的考订，发表了许多研究古代史及相关的论文。多次去安阳亲自指导殷墟发掘工作。在主持历史语言研究所工作期间，招贤纳士，揽一流人才，作出了不少成绩。1950年12月20日，在台北病逝，其著作汇编为《傅孟真先生集》。

说起于道泉与傅斯年的交往，还得从国立中央研究院历史语言研究所开始。那时，傅斯年担任历史语言研究所所长，于道泉在工作上是受傅斯年指导的，这就构成了他们之间职务上的上下级关系、学术研究上的指导与被指导关系、情感上的同事关系和乡党关系。

就职务上的上下级关系而言，于道泉有傅斯年这样的领导总的来说很幸运，因为傅斯年的能力是有口皆碑的，他的组织协调能力有目共睹、世人皆知。特别是他对下属知人善用，积极培养，如于道泉属于专门人才，专攻梵文藏文满文等民族文化典籍整理与研究。在分工协作上要求于道泉积极支持和配合傅斯年的工作安排。在按劳付酬上，傅斯年是很明确的。历史语言研究所里的工作人员分为专职研究员和兼职研究员、助理员和工作员等，职别不同，薪酬不同。即使在同一职别，所付的酬劳也不相同。《中央研究院章程》第三条规定：助理员之薪水分为六十元、八十元、一百元、一百二十元、一百四十元、一百六十元、一百八十元七级，每过一年得由所务会议参照助理员的工作成绩议决，提请院长按级增薪①。而于道泉所得为七十元，高于六十元低于八十元，已经是很高的了，因为他每周只上三天班，还在北海图书馆兼职三天。若按全职来说，于道泉应是一百四十元的薪水，他的酬劳在所有助理员中是最高的。劳酬关系就反映出于道泉在藏学领域的科研能力和所作出的贡献，及其藏学研究在历史语言研究所中所占的地位比重。傅斯年在考察中，发现于道泉既刻苦钻研、勤学好问，又有"专门之知识"，且做科研的"成绩斐然"，爱才之心油然而生，因而，傅斯年联合资源委员会、北海图书馆和国立中央研究院三家部门共同出资，解决了于道泉出国留学进修的费用和家庭的生活开支，解除了他学习生活上的后顾之忧，使他静

---

①据1929年《国立中央研究院十八年度总报告》第7页。

下心来学习，并期望他早日学成回国，实现国立中央研究院"有所贡献于国家耳"的构想。

在学术研究上，于道泉接受傅斯年的指导或受傅斯年的影响可能性不大。若要说存在的话，傅斯年也只是监督与检查于道泉是否按时完成科研任务而已。于道泉曾说：历史语言所的领导就开始对我表示不满意，就是在这种情况下，我才把我未到研究所以前所写的这份我认为还有很多问题的旧稿，拿出来交给了傅斯年，当作我在研究所的成绩①。由此可见，当时傅斯年对于道泉所做的科研工作具有监督职权。实际上，在学术研究上给予影响较大的还是陈寅恪，毕竟于道泉在陈寅恪的安排下完成了《西藏文藉目录》等著作的整理与研究。

在感情上，傅斯年与于道泉具有双重关系，即同乡关系和同事关系，也算得上是很融洽的。有人曾说过他们："是山东乡党（傅籍聊城，于乃临淄），相去不远，而且于丹绂（于道泉之父亲）先生乃齐鲁名士，现代教育先驱，傅氏岂有不知？！"②傅斯年是很注重同乡感情的。可以说，就是同乡感情和同事友谊维系着傅斯年与于道泉及其家人的感情，直到抗战胜利。这里我们不妨从《傅斯年遗札》中记载的傅斯年与于道泉及家人之间往来信件、谈话等内容得以证实。如傅斯年致杨铨③的信札中所举荐出国深造之人，于道泉列首位，并且所举荐的三人之中有两人是山东籍人士。我们认为傅斯年这样做，不但反映出他的同乡之情怀（当然是个人能力优秀为前提），而且表明于道泉在傅斯年心中的地位。另外，在于道泉留学欧洲时，由于种种原因引起两人之间的不愉快，作为推举人又是当值领导，傅斯年责备于道泉是无可厚非的，但于道泉也有"将在外君命有所不受"④的可能。

而且，他们都想尽一切办法修复关系。如傅斯年写信给于道泉的夫人顾淑惠，又致信于道泉的妹夫李安宅教授，还邀约正在北京大学上学的于道源（于道泉之弟）在陈寅恪教授家中一起谈及于道泉不回复信函的有关事宜等，足可证明于道泉和傅斯年之间的"乡党"感情不一般。那么，既然他们有如此深厚的感情基础，为什么于道泉不按时回国到国立中央研究院继续工作，而选择在欧洲继续过着颠沛流离的异乡生活

---

①黄颢，吴碧云.仓央嘉措及其情歌研究（资料汇编）[M].拉萨：西藏人民出版社，1982：12.

②王尧.平凡而伟大的学者：于道泉[M].石家庄：河北教育出版社，2001：319.

③王汎森，潘光哲，吴政上.傅斯年遗札：第一卷[M].北京：社会科学文献出版社，2015：317.

④中国人民解放军军事科学院战争理论研究部《孙子》注释小组.孙子兵法新注[M].北京：中华书局，1977：51.

呢？我们认为两人在政治信仰和社会道路选择上的分歧，渐渐地影响到他们日常生活、学术科研，最终分道扬镳。

三、于道泉与赵元任

赵元任（1892—1982），字宜仲，中国现代语言学家和音乐家。江苏省武进县（今常州市）人。1892年11月3日，生于天津。1982年2月24日，病逝于美国。幼时，耕读于私塾。1907—1910年，在南京江南高等学堂预科班学习。1910年秋，考入清华学校官费生赴美国学习，先于康奈尔大学攻读，后于哈佛大学攻读，前后近10年，获得物理学和哲学博士学位。1920年回国，任教于清华学校。1921—1923年，任教于美国哈佛大学，教授哲学和汉语。1924年赴欧洲游学。1925年回国后，任清华学校国学院教授，主讲音韵学。1929—1931年，任国立中央研究院历史语言研究所研究员，兼任语言组主任。1932年赴美讲学，1933年回国立中央研究院历史语言研究所任研究员，兼任语言组主任。1938年，再次应邀赴美讲学，此后留居美国。任教于哈佛大学、夏威夷大学、加利福尼亚大学、耶鲁大学等院校；曾获人文学、法学、文学等博士学位；曾任美国语言学会和东方学会会长。1959年，曾在台湾大学讲学。于1973年和1981年，两次回大陆探亲访问。赵元任学识渊博，艺术造诣精深，所创作的作品有形象鲜明、风格新颖、曲调优美、流畅等特点，极富抒情性。他一面借鉴吸收欧洲多声乐的创作技法，一面不断探索保持在中国传统文化之中的音乐特色。在从事语言学的研究过程中，他深入了解中国社会中下层人们的生活，到过中国很多地区调查方言，收集了不少的民谣、民歌等民间音乐素材，并对其进行收集、改编、创作。作品、著述颇丰。主要有《广西瑶歌记音》《粤语入门》（英文版）、《语言问题》《中国社会与语言各方面》（英文版）、《现代吴语的研究》《国语新诗韵》《中国话的文法》等研究成果。

于先生与赵先生的往来关系，也始于国立中央研究院历史语言研究所，是历史把两位语言天才联系在一起。他们不仅为中国民族语言研究做出了伟大的贡献，而且在国际语言学界创制了"四段五点字母式声调符号"[①]的国际语音记音符号范式，在中国语言学界和国际语言学界享有很高的地位，在现代语言学史上谱写了光辉的一页。

于道泉的语言学训练，应该是从赵元任进中央研究院才开始的。之前虽然于道泉在齐鲁大学和北京大学也学过英语、世界语、梵语、藏语等语种，也接受过语言学学习，但是真正接受系统语言学理论学习和训练是在国立中央研究院。兹有《历史语言

---

①黄颢，吴碧云.仓央嘉措及其情歌研究（资料汇编）[M].拉萨：西藏人民出版社，1982：10.

研究所十九年度五月份工作报告》所录为证：

> 本月语音班练习记音记山东临淄音，由助理员于道泉读音。[①]

这则资料告诉我们于道泉参加史语所语音班的学习，并亲自参与山东临淄方言的读音及记音实践。而这个语音班是1929年赵元任到中央研究院历史语言研究所兼职语言组主任就着手开办的，主要对象是助理员以及研究生，如于道泉、王静如、吴金鼎等。赵元任把他在清华大学国学院讲授音韵学的知识和技能传授给这个语音班的每位学员，让学员们尽快从中文的训诂等音韵学转移到现代语言学知识理论体系中来。曾有记载："赵（赵元任）、罗（罗常培）、李（李方桂）三位先生在史语所工作期间训练的研究人员有以下十七位：杨时逢、黄淬伯、于道泉、刘学浚、王静如、丁声树、白涤洲、吴宗济、葛毅卿、周一良、周祖谟、董同龢、张世禄、张琨、马学良、刘念和、周法高。"[②]在这些学员之中，于道泉是最优秀的学员之一。由于于道泉具有良好的语言天赋，在语言学训练中表现突出，所以他曾被赵元任动员跟随李方桂先生到西南进行方言考察。于道泉回复赵元任的信[③]中最少证实两点：一是于道泉至少已经接受语言学和语音学方面的专门知识和技能训练，虽不能说是达到某种理想状态，但在赵元任看来于道泉已能胜任西南地方语言考察的工作，更需要的是到实地环境中锻炼。二是赵元任非常希望于道泉能到他的语言组来，他非常需要像于道泉这样的专门人才。而于道泉似乎对西南少数民族语言文字不感兴趣，婉言谢之。

虽然于道泉未能去西南考察方言，赵元任也并未放弃与于道泉在语言学领域的合作。既然于道泉对藏文那么感兴趣，藏语自然就会有它的魅力所在。于是赵元任开始学习藏语，并和于道泉一起合作研究。1929年，赵元任就开始"学习藏文，并与于道泉一同研究第六代达赖喇嘛仓洋嘉错情歌（6—12月）。"[④]1930年，赵元任"1月到4月继续跟于道泉合作出版《第六代达赖喇嘛仓洋嘉错情歌》，元任记音，编写藏文记音说明和藏音英文说明；于道泉注释，并加汉、英译文。"[⑤]以上资料反映出赵元任和

①傅斯年.傅斯年全集：第六卷[M].长沙：湖南教育出版社，2003：143.

②李方桂，王启龙.莫话记略·水话研究[M].北京：清华大学出版社，2005：4.

③王尧.平凡而伟大的学者：于道泉[M].石家庄：河北教育出版社，2001：319-320.

④赵新那，黄培云.赵元任年谱[M].北京：商务印书馆，1998：162.

⑤赵新那，黄培云.赵元任年谱[M].北京：商务印书馆，1998：168.

于道泉在语言学领域——藏语方向已经成为合作伙伴。于道泉也曾说:"我向傅斯年申请要用历史语言研究所的名义出版这本《第六代达赖喇嘛仓洋嘉措情歌》汉译文之后,赵元任对藏语的发音产生了兴趣,他把楚称丹增的随从、我最熟悉的藏族好友罗藏桑结(Blo bzang sangs rgyas)请到他家对藏语进行了多次记音。"①由此可知,赵元任对藏语语音研究产生了浓厚的兴趣和强烈的愿望,于道泉尽力与赵元任合作完成《第六代达赖喇嘛仓洋嘉措情歌》藏语标音记音。据《历史语言研究所十九年度十月份十一月份工作报告》记载:"与于道泉合作预备,用严式音标记仓阳家错民歌之拉萨音。"②

这则资料很明显地说明了赵元任和于道泉,预备用严式音标记仓央嘉措之拉萨音进行合作研究,并且这种合作关系一直在继续。《历史语言所工作报告(十八年十一月至十九年一月)》还做了进一步说明:"研究员赵元任继续与于道泉记西藏仓阳家错民歌之拉萨音。"③于道泉在《第六代达赖喇嘛仓洋嘉错情歌》的《译者序》中特别向赵先生致谢:"'最末了儿但是不最小,我很感谢赵元任博士,他不但添上了西藏语音的研究,为这书增加了不少的价值,并且费神将我的英文译文看了一遍,改去了许多错误。"④可见为了藏语语音记音及研究,两位语言天才之间展开了密切的合作研究,对藏语语音研究才有了开创性的贡献。同时,也反映出他们在翻译与实践研究中的精诚合作。于道泉曾说过:"赵先生在这本书里边所写的《记音说明》,是用现代语音学的方法和理论阐述藏语语音的第一篇文章。"⑤因此赵元任和于道泉不但在藏语语音研究史上开创了运用现代语言学的方法和理论进行研究的成功案例,而且他们的这套语言学的方法和理论已被国际语言学界所普遍采用。于道泉也曾说:"早已为国际语言学界所普遍采用的'四段五点字母式声调符号',就是赵先生在为这本书中的歌词标音的时候所设计创造的。"⑥对于这套设计创造的标音方法是否管用,赵元任认为:"不论是哪套标记法,其实用价值要看是否能在两头使用。为了检验这一要求,我用这套标调字母标音,记录下这六十二首西藏情歌。这些歌是对着录音机说的(不

①黄颢,吴碧云.仓央嘉措及其情歌研究(资料汇编)[M].拉萨:西藏人民出版社,1982:9-10.
②傅斯年.傅斯年全集:第六卷[M].长沙:湖南教育出版社,2003:118.
③傅斯年.傅斯年全集:第六卷[M].长沙:湖南教育出版社,2003:119.
④据1930年(民国19年)《国立中央研究院历史语言研究所单刊甲种之五》第2页.
⑤黄颢,吴碧云.仓央嘉措及其情歌研究(资料汇编)[M].拉萨:西藏人民出版社,1982:10.
⑥黄颢,吴碧云.仓央嘉措及其情歌研究(资料汇编)[M].拉萨:西藏人民出版社,1982:10.

是唱的）。接着根据录音进行记音。几天后，我捡起手稿，把包括声调在内的整个记音对着录音机读了一遍。然后在两台录音机上放原来的和我冒充的藏语发音，连续地一句一句地进行比较；结果，两者的相似竟超出了我的预期。这清楚地表明：这套标记法可以用来训练自己，记音、读音两头都管用。"①由此可见，这种从实践中来又到实践中去的检验研究方法非常实用，影响着一代又一代的学人。

于道泉与赵元任的藏学研究合作，并不仅仅表现在藏语语音记音方面，且在中英文翻译领域合作也非常成功。应琳曾回忆说："1930年他与赵元任合作，用中英文译释第六世达赖喇嘛仓央嘉措的情歌，为这本诗集走向世界开了第一道门。"②但是他们的研究合作没有多久，却因种种因素而停了。

1932年，赵元任先生赴美讲学之后，于道泉与赵先生之间的研究合作暂停一段落。而1933年赵元任返回历史语言研究所工作的时候，于道泉已准备着赴法留学。至此，中国两位语言学天才的合作研究画上了句号，但他们之间的研究成果共享并不因此而止步不前。中华人民共和国成立后，于道泉仍继续学习赵元任的研究成果，并将其转化到自己的研究与工作实践中，使之服务于新中国社会主义新文化建设。例如1953年3月16日于道泉在日记中记录："晚上开过生活检讨会以后，回自己的屋看赵元任'国语入门'的method of study（学习方法）看到约4点。"③而到1953年4月2日于道泉则记录为："以后……叫qag dhaq don grub将赵元任的国语入门的第八课用打字机翻成了我作的一式国语罗马字。"④由此可见，于道泉善于学习并借鉴赵元任的研究成果，运用到自己的研究领域及工作实践中。

另外，从时空来看彼此还相互怀念着对方。1973年，赵元任回国时，很想约见老朋友们。但由于当时国内的政治情况，刚刚从"牛棚"劳动生活回到北京的于道泉没能和赵元任见上一面，未能就赵元任介绍"通字方案"⑤进行交流，赵元任就离开了祖国。直到改革开放以后，1981年，赵元任再次回国探亲访问，在赵（赵如兰）教授的安排下，6月6日上午，中央民族学院的于道远泉、马学良、王尧来访。时隔五十余年

---

①赵元任.一套标调的字母[M]//袁毓林.中国现代语言学的开拓和发展：赵元任语言学论文选.北京：清华大学出版社，1992：85.

②应琳.无私无畏的探索者：于道泉教授[M]//《藏学研究论丛》编委会.藏学研究论丛：第四辑.拉萨：西藏人民出版社，1992：27.

③依据于道泉日记手稿。

④依据于道泉日记手稿。

⑤赵新那，黄培云.赵元任年谱[M].北京：商务印书馆，1998：482.

的几位老友如约相见，共叙情怀。于道泉就当年出版《第六代达赖喇嘛仓洋嘉错情歌》中的《记音说明》之时忘了把赵元任的名字添上一事，向赵元任很坦诚地表示歉意。并在撰写《仓央嘉措及其情歌研究（资料汇编）》的《序言》时特别将这件事写出来，向赵元任和读者表示歉意：

> 在这里我要讲一点和这事有关的情况，当时在这本书付印的时候，我只在我所写的汉文和英文的"译者序"里边说这本书中关于藏语语音的部分都是赵先生写的，可是，赵先生把他写的《记音说明》的汉文稿和英文稿交给我的时候，他没有在文章标题下面著名，我把那份稿件送去排印的时候也忘记了把赵先生的名字添上。……这都是由于我当时的疏忽大意，在读者中造成思想混乱。在五十年后的今天，我还是应该向赵先生道歉，向这本书的读者道歉。①

说这段话的态度是何等的真诚！是发自内心的歉意！谁也没想到两位老先生的这一次见面，竟然是最后一次相见。赵元任回美国后，于1982年2月24日在美国马萨诸塞州卡布里奇逝世。这是中国语言学界、世界语言学界、国际音乐学界和国际东方学界的损失。于道泉在参加北京举行的第十五届国际汉藏语学术讨论会上，提交撰写论文《普通文字的数码代字：数字化文字与拉丁化文字对照》一文，②以示对赵元任的缅怀。

通过上述分析，我们知道于道泉和赵元任在中国民族语言学研究上的贡献有以下几点：一是于道泉在语言学及其相关学科的学术道路上受到赵元任的指导和影响。二是赵元任和于道泉通过《第六代达赖喇嘛仓洋嘉错情歌》的合作研究，在藏语语音标音研究领域取得了开创性的突破，他们的合作研究方法及其形成的理论——四段五点字母式声调符号，不但奠定了中国现代语言学研究的理论基础，而且在现代世界语言学史上拥有一席之地。三是赵元任和于道泉从事学术研究的技能方法、兢兢业业的敬业精神和端正的做人态度，是现代学术团队合作研究成功的范例。从于道泉和赵元任之间的往来互动中，我们看到了一代大师学术研究的风范。

四、于道泉与许地山

许地山（1893—1941），字地山，名赞堃，笔名落华生。中国现代小说家和散文

---

① 黄颢，吴碧云. 仓央嘉措及其情歌研究（资料汇编）[M]. 拉萨：西藏人民出版社，1982：11.
② 王尧，陈庆英. 西藏历史文化词典[M]. 杭州：浙江人民出版社，1998：309.

家。1893年，生于台湾省的一个爱国家庭。自幼熟读诗书，通经史，后随父到广东省读中学，毕业后，在福建等地担任中学教员。1917年，考入燕京大学学习，先后获文学硕士和神学学士学位。"五四运动"的新文化新思想激起了他爱国、民主的思想和创作的热情，是文学研究会发起人之一。1923—1926年，在哥伦比亚大学研究院和牛津大学学习研究宗教史和哲学等。回国后，在燕京大学任教授，同时在清华大学、北京大学等院校授课。1935年后，在香港大学任教授。抗日战争爆发后，担任中华全国文艺界抗敌协会香港分会常务理事，为抗日救国事业奔走呼号，开展各项组织和教育工作。著述颇丰，主要有《空山灵雨》《道教史》《危巢坠简》等。

于道泉与许地山的交往应该早于陈寅恪。据于道泉所说，早在20世纪20年代初期，更确切地说是1922年前后，当时燕京大学的许地山在山东省济南市齐鲁大学的暑期学校授课讲学。那时于道泉也恰好在齐鲁大学半工半读，许地山先生的讲课稿就是由于道泉负责送往油印室油印。因此，于道泉就认识了许地山先生。《许地山年谱》中也有记载：1920年，许地山卒业于燕京大学，获取文学学士学位。后又入燕大神学院，研究宗教史。……1921年，与郑振泽、茅盾、叶绍钧、王统照等十二人共同发起并成立了"文学研究会"。同时，在燕京大学也成立了"文学研究会"，参加成立者有富汝安、凌瑞堂（淑华）、谢婉莹（冰心）、李劻刚等。……1922年，许地山三十岁，在燕大神学院毕业，获神学学士学位。毕业之后，任燕大教学助理，月薪是七十五元。兼任教平民大学，月薪是六十元。撰写的《我对于〈孔雀南飞〉底提议》一文刊载在《戏剧》第二卷第三期。编写散文小品等四十余篇作，名为《空山灵雨》，自撰《弁言》，所收录文章皆发表于《小说月报》，内有其名篇《落花生》。同时，所写的短篇小说《缀网劳蛛》也发表在《小说月报》。……1923年8月，与梁实秋、谢冰心一起赴美国留学，在美国纽约的哥伦比亚大学研究院哲学系，攻读宗教史及宗教比较学……①对比分析以上资料，可以证明于道泉和许地山在1922年前后就认识了。从许地山获得文学学士学位和神学学士双学位来看，他知识广博、才华出众，能胜任齐鲁大学暑期学校的教学任务。那时，由于燕京大学和齐鲁大学均是国外基督教差会主办的，在教学活动上彼此之间有很多合作关系，许地山来齐鲁大学暑期学校讲学，是自然而然的。

于道泉与许地山结识之后，随着二人的交往日益密切，情谊也随之加深。于道泉

---

①周俟松，向云休.许地山[M].北京：人民文学出版社，1983：254.

由喜欢许地山的作品到近距离地与许地山接触，被许地山的才华、人格和思想所感染；许地山也发现于道泉勤学、钻研、刻苦、肯干、思想进步，是一个不可多得的青年才俊，十分欣赏这位青年学生朋友。于是，他就把于道泉一步一步地引入做学问的殿堂。正如于道泉曾回忆说："有一天我问许先生说：'您所写的《空山灵雨》我喜欢极了，有人把它翻译成英文没有？'他说：'没有。但是有人写信给我说，他把它翻译成世界语了，写信给我的人我还没给他回信呢。'我说：'给您写信的人就是我'。"①这则对话充分证明于道泉和许地山两人的感情拉近了，并且从侧面也反映了当时于道泉至少已掌握了世界语和英语两门外语，足以从事相关语言文本的翻译实践。若延伸思考的话，许地山应是很惊讶！然后他们就翻译《空山灵雨》为世界语之事进行面对面的深入交流。我们相信许地山会给于道泉提出一些翻译方法上的建议。于道泉把许地山的一些散文诗和《空山灵雨》译成世界语后发表在胡愈之主办的《绿光》（*Verda Lumo*）世界语刊物上，并且还收到胡愈之写的一封鼓励信。其中，许地山做出的努力功不可没。许地山和胡愈之作为当时中国文学研究会的发起人，彼此都认识。鉴于于道泉的智慧与才干，从那以后许地山对于道泉就更加热情了，并积极介绍于道泉加入文学研究会。②这对于年轻的于道泉来说，能站在文学研究会这个平台上，与当时国内的精英们讨论交流文学及其相关领域的研究，极大地开拓了他的学术研究视野。为他后来从事民族文学研究奠定了一定的基础，并成为中国现代藏学优秀创始人之一有着不可或缺的联系。有人曾赞誉许地山是一位令人敬佩的"伯乐"！③

1923年8月，许地山赴美英留学之后，便与于道泉暂时失去了联系。期间，于道泉也考取山东官费赴美留学生。然而，泰戈尔先生的到来改变了他的人生轨迹。1927年，许地山回到北平母校燕京大学文学院任助教以后，于道泉才经常与他见面。

一别四五年，于道泉和许地山在古都北平再次相见，让于道泉产生新的动力，又看到新的希望。可喜的是这几年来他们所学习和研究的旨趣十分相投，都在宗教哲学、梵文和佛学等领域进行了深入的学习和研究，如许地山写了《醍醐天女》（1923年）、《道家思想和道教》（1927年）、《佛藏子目引得》（1927年）等著述。而于道泉也在整理研究《藏文丹朱经（亦名续藏经）索引》（1927年）等诸多藏文、梵文、满文文献。

用志同道合这个词来描述二人之间的关系是最贴切的了，他们在宗教领域的研究

---

①黄颢，吴碧云.仓央嘉措及其情歌研究（资料汇编）[M].拉萨：西藏人民出版社，1982：6.

②黄颢，吴碧云.仓央嘉措及其情歌研究（资料汇编）[M].拉萨：西藏人民出版社，1982：7.

③王盛.许地山评传[M].南京：南京出版社，1989：41.

中有共同的语言，经常交流研究心得，探讨有兴趣的话题，互相捕捉学术上的闪光点。如于道泉曾说过他到许地山那里去聊天的时候，与许地山谈到了《第六代达赖喇嘛仓央嘉措情歌》这本书，许地山听了之后，即刻动员于道泉把这本书整理翻译出来，并且说能找到出版该书的地方。因为这本书属于藏族民间通俗读物的一种，书中的佛教术语、文学典故等并不很多，经过藏族朋友的认真讲解后，于道泉能理解大部分的内容。可是，也有不少的内容于道泉一直无法搞懂。于道泉把他能懂的部分翻译出来交给许地山审阅，并请许地山对其译文做了一些润色、修改，使得这部译著后来成为惊世之作。因此，我们认为于道泉在早期的学术道路上，在一定程度上受到许地山的点拨和引导。

人们常常说："一个篱笆三个桩，一个好汉三个帮"，于道泉在走向学术研究的道路上，许地山就是这"三个"之一。例如1930年，于道泉译著《第六代达赖喇嘛仓央嘉措情歌》能够顺利出版，就少不了许地山的大力帮助和积极的鼓励。因此，于道泉在其《译者序》中特别致谢许地山："我还要谢谢燕京大学梵文教授许地山。若非许地山怂恿鼓励，我一定没有勇气去做这样的翻译，翻译完后许地山又在百忙之中将我的汉文译稿削改了一遍。"[1]可见，许致山与于道泉的友情非同一般。许致山不断地帮助和鼓励于道泉，使于道泉一步步登上学术研究的高峰。当然，作为朋友，许地山也得到于道泉的很多帮助，许地山曾经写过："……这院俗名墨尔根园。墨尔根，或即巴尔堪的音讹。但巴尔堪于顺治十二年封三等辅国将军，康熙七年降为二等奉国将军，八年复授三等辅国将军，十六年缘事革退，十九年卒于军中，乾隆十七年追封为简亲王。故墨尔根园的名字是不是由郑亲王的儿子巴尔堪而来，还有考究的必要。有我的蒙藏学朋友于道泉君对我说'墨尔根'是蒙古语'尊师'，'学士'，或'雅人'的意思。这是蒙古人对学者的一种尊称。"[2]由此可见，两位志同道合的朋友在学术科研上互相学习、支持和帮助，在长期的学习科研生活中，缔造了他们深厚的情谊。故而，时隔六十年，于道泉在撰写《仓央嘉措及其情歌研究资料汇编》（序言）时，很感慨地说："现在回想起来若是我在山东齐鲁大学暑期学校没有结识许地山这位朋友，可能没有人动员我翻译这部《情歌》。"[3]这段话深深埋藏在于道泉的心里六十年，整整一轮甲子，从字里行间流露出于道泉的真情实感。虽然这位朋友早已在

---

①依据国立中央研究院历史语言研究所单刊甲种之五《第六代达赖喇嘛仓洋嘉措情歌》（译者序）。

②许地山.许地山散文：鉴赏版[M].西安：太白文艺出版社，2013：100.

③黄颢，吴碧云.仓央嘉措及其情歌研究（资料汇编）[M].拉萨：西藏人民出版社，1982：13.

1941年离世，但朋友的金玉良言犹在耳边。

以上所述及的仅仅是于道泉在中国学术界中交往的众多学者名流中的几位，其他还有包南结喇嘛、袁同礼、汤用彤、萧乾、季羡林、陆侃如、马学良、贡嘎活佛、胡适、韩儒林、彭色丹喇嘛、费孝通、东嘎·洛桑赤列、扎希仁青格西、土登格杰、喜饶嘉措大师、法尊法师、周叔迦、任继愈、张克强、牙含章、柳升祺、王森、吴丰培、高观如、傅家璋、梁漱溟等。限于篇幅，不再一一详述。

第三节 与国外学术界的交往

于道泉在上齐鲁大学期间，就开始与国外学术界有了往来，赴欧洲游学以后，与国外学术界学者名流往来更加密切了。即使于道泉从欧洲回国以后，他还与国际学术界名流保持着密切往来。由此可见，我们书写有关于道泉和国外学术界的交往，是十分有意义的。遗憾的是我们所掌握的资料很有限，不能详尽，只能从他的往来书信、著述和其他学者的相关著述中查询，在众多的国外藏学界学者中选择几位作为代表进行研究。

一、于道泉与雅克·巴科

雅克·巴科（1890—1967），又译为巴考，法国著名汉学家、藏学家。1906年至1910年，他曾到中国西藏东南部搞调查研究。雅克·巴科曾任巴黎大学高等学术研究院教授、法兰西语言科学院院士等。雅克·巴科著述颇丰，藏学译著主要有：《米拉日巴传》（*Milarepa.Ses Mefaits-Ses Epreuves-Son Illumination. Traduit Du Tibetain Avec Une Introduction et Un Index [Plutot Glossaire]. Reed Avec Preface de Marco Pallis. Coll.documents Spirituels, 5.Paris,Fayard,1971,269 PP*）、《敦煌吐蕃历史文书》（*Bacot,J.-F.W.Thomas-Ch.Toussaint Documents de Touent-Houang Relatifs A L' Histoire Du Tibet,Paris, 1940-1946*），《藏语书面语语法》（*Grammaire Du Tibetain Litteraire* Ⅰ-Ⅱ，*Paris 1946-1948*），《西藏历史导论》（*Introduction A L' Histoire Du Tibet,1962*）。

以上资料只是对雅克·巴科教授的简述，权且当作于道泉与雅克·巴科教授交往的社会文化背景。他们之间交往，源自于道泉的译著《第六代达赖喇嘛仓央嘉措情歌》。1930年《第六代达赖喇嘛仓央嘉措情歌》的出版，在国内外藏学界引起很大的轰动。因此，很多国外藏学家都知道了中国有一位叫于道泉的青年藏学者，作为法国著名的藏学家雅克·巴科教授也不例外。

　　1934年，于道泉西去法国留学，在法国巴黎大学文学院注册学习土耳其语，后又随雅克·巴科等国外藏学家学习古藏文、藏文文法、民俗学和蒙古文文法。就于道泉和雅克·巴科的往来而言，于道泉向雅克·巴科学习古藏文文法只是一方面，而另一方面主要是两人对藏文及文法学习和研究的互补作用。在于道泉致其父于丹绂的信中曾说他除了入高级研究院学习外，还要去听藏文教授雅克·巴科用藏语文本讲西藏高僧玛尔巴（Marpa）传1小时，雅克·巴科教授是世界当代专门治学西藏文学的第一人，已经有藏文译为法文的文学作品，继而又转译为英文的作品颇多。雅克·巴科教授的译述中有很多西藏人士的日常习语，但是雅克·巴科教授却时而有译错的。只是听说雅克·巴科教授的个人收藏中西藏文典籍很多，并且其为人和善可亲。因此，于道泉先生每周仍然前往听讲，希望借此机会和他相识。然而，在开课两周之后，雅克·巴科教授直接承认没有教于先生藏语的能力，唯一希望于先生继续前往上课，雅克·巴科教授还说他自己所翻译的书中仍有难点多处，于先生或许能帮助他解决等等。由此可见，于道泉对雅克·巴科教授的评价很高：一是世界当代专门治学西藏文学的第一人，二是个人收藏西藏文典籍很多，三是为人和善可亲。另外，雅克·巴科教授认真负责的工作作风、严谨的治学态度和开放自由的教学风格，促使两人之间的距离拉近。雅克·巴科先生不怕丢面子，很坦诚地承认自己没有教于道泉学藏文的能力，但又十分诚恳地希望于道泉前去听课，听起来好像很矛盾。其实并不然，"谓彼所从事翻译之书中有难点多处，泉或能助彼解决云"这句话一方面就反映出雅克·巴科教授那种"教学相长""不耻下问"的治学态度，另一方面反映出于道泉的藏语文运用的能力已得到提升，达到"愿借此相识"的效果。

　　另外，于道泉和雅克·巴科之间关于藏学研究的学术讨论，在巴黎高等研究院年鉴中曾有记载：雅克·巴科先生（主持）讨论会，（参与人）研究生；主题讨论是称为"翻译家"的玛尔巴传记片断，11世纪他（玛尔巴）三次前往印度游学，在纳兰大（那烂陀）大学学习。讨论参与人，于道泉，藏族民歌的作者，他指出在阅读阐释之中常常出现有益之处或含糊不清之漏。（其他）参与人有迈耶小姐、杜散先生、石泰安、马斯诺、皮乃思和杜尔。这记录了于道泉在巴黎高等研究院参加雅克·巴科教授藏文班的讨论活动。其中，介绍了于道泉是藏族民歌的作者，特别强调于道泉指出在阅读玛尔巴传记片断中的有益之处和含糊不清之漏。从侧面反映出于道泉的藏语文运用能力和做学术研究的严谨态度，已深得雅克·巴科教授的认同。

因此，我们认为雅克·巴科教授"Attitute is everything"（态度决定一切）的精神和那种高尚的为人处世态度，对于道泉后来从事教学及科研工作有着很深刻的影响。后来，有人说于道泉是一位"不知为不知，绝不强不知以为知"的老师，他不怕在学生面前丢面子，不怕失掉威信，敢于改正。面对同学们提出的问题，若马上回答不上，就告诉同学们，这个问题等回去研究或请教别人后下次再解答。即使偶尔有个别问题讲模糊或错了，他也公开向同学们道歉，接着向同学们把问题讲清楚。他这样做不但没有降低他的个人威信，相反比以前的威信更高了。

于道泉与雅克·巴科教授之间坦诚的"师徒"关系，我们还可以从他致李安宅的信件中了解到一些："此外，我还听一班藏文。可是只听了两堂课，教授便已说他教不了我，并说他有好多东西要问我。其实，我早已知道跟这位教授学不了许多东西，不过，我听说他为人很好，并且，他藏的藏文书还有些个，所以，还是继续上他的班。"[1]王尧是这样评价这则资料的："而对于那位赫赫乎可畏的雅克·巴科教授藏文水平的评价除了于道泉这一描述之外，别处似乎无人说过。"[2]资料中包含的信息告诉我们，求学也是有许多种类：有的向先生求知识，有的向先生求做人，等等。于道泉主要学雅克·巴科教授如何做人，或者说如何做学人。

雅克·巴科教授除了学识之外，他那种谦逊而真实的做人品格也是值得于道泉学习的。为此，我们认为用"识人善用，唯才是举，求贤若渴"来描述雅克·巴科教授也不为过。期间，于道泉不但阅读了雅克·巴科教授所藏的藏文书籍，而且雅克·巴科教授还推荐于道泉到巴黎大学现代东方语言研究院资料室做兼职资料员，以及在法国国家图书馆从事藏文、满文书籍编目工作。对于于道泉在巴黎学习兼职图书馆编目工作所取得的成绩，我们从雅克·巴科教授致钢和泰男爵的信件内容也略知一二，1936年2月9日雅克·巴科教授来信说："他（于道泉）在西藏书目学方面进步很大。"[3]雅克·巴科教授的赞誉是名副其实的，因为在去法国之前，于道泉就在中国北海图书馆做过藏满蒙文献的采编工作，在著名图书馆专家袁同礼教授的指导下，于道泉不但积累了一定的工作经验，而且在文书的采访和编目知识与实践中有着丰富的积淀。后来，在国立中央研究院历史语言研究所史料组担任助理研究员时，在陈寅恪教授的安排指导下完成《西藏文藉目录》等工作。在西藏目录学的实践中，于道泉有了

---

①王尧.平凡而伟大的学者：于道泉[M].石家庄：河北教育出版社，2001：327.

②王尧.平凡而伟大的学者：于道泉[M].石家庄：河北教育出版社，2001：327.

③王启龙，邓小咏.钢和泰学术评传[M].北京：北京大学出版社，2009：322.

更进一步的提升。

因此,我们认为于道泉在法国留学时,雅克·巴科教授称赞于道泉在"西藏书目学方面进步很大"是毫不夸张的。也可以这么认为,之前法国藏学者以及图书管理员在西藏文书目整理、研究方面是不完整的,而于道泉到法国留学之后和巴考教授等藏学者的合作整理与研究,才使这些藏文书目有了头绪。实际上,于道泉在法国所做出的贡献远远不止这些,尤其是藏文、满文等法藏东方文献典籍的整理与研究,均为后来的研究者提供了很多便利。

二、于道泉与拉露

拉露,也有翻译为拉鲁[①],法文全名为Marcelle Lalou(1890—1967),法国著名女藏学家,生前任巴黎大学教授。在巴黎大学的高等专科学校(École Pratique des Hautes Étude)任教,她曾从法国学者普鲁斯基(J.Przyluski)门下受业,并继承了师辈的社会学和民族学研究专长,以拓宽学术视野。因此,她在西藏学的研究中呈现出多方面的特点,主要研究西藏的文献学、语言和历史,兼及西藏的苯教、佛教、医学和艺术。所撰写的著述也是多方面的,其中特别突出的是她把巴黎国家图书馆所收藏伯希和(Pelliot)劫掠的一大批敦煌藏文写卷进行了整理和编目,所取得的成果获得西方藏学界很高的评价。在藏学方面的重要著述有:《回顾:布桑的著作》(*Retrospective: L' oeuvre de Louis De la Vallee Poussin. Paris, Maisonneuve, 1955, 165 P.*)、《八世纪吐蕃官员请求复职呈文》(*Revendication Des Fonctionnaires Du Grand Tibet au VIIIESIECLE, JA 1955*)等。拉露女士去世以后,法国出版了一本约五百页的关于拉露的《拉露纪念论文集》(*Études tibetaines Dediees a La Memoire de Marcelle Lalou.573 PP.,Front. Paris: Adrein-Maisonneuve, 1971*)。

另外,有关玛塞尔·拉露考述的,还有让·菲莉奥札的专文《法国的女藏学家玛塞尔·拉露》和牛海洋的《法国学者玛塞尔·拉露生平及其学术考论》作了较为详细的论述。这里,我们只讲于道泉与拉露女士的往来。由于所掌握的资料十分有限,因此我们就从于道泉的家书以及其他学者的相关作品之中搜寻相关资料信息。凡是所有涉及于道泉与拉露女士之间的资料信息,我们都进行甄别采用。

(1)同学情谊。我们首先从1934年11月25日于道泉致李安宅(仁斋)的信件中发现:"这个班连我(于道泉)共三人,一位是已经得了哲学和文学博士的杜尔博士,

---

①王尧.平凡而伟大的学者:于道泉[M].石家庄:河北教育出版社,2001:327.

一位是已经有四五种关于梵藏的著述的拉鲁女士（Madamoiselle M.LaLou），只有我是个无名小卒！"①从这封信可以看出，于道泉和拉露首先是同学关系，并且班上三名同学中只有自己还是"无名小卒"，而拉露在梵藏研究方面已有四五种成果。于道泉这里所说的"四五种"，仅仅是大概数字，具体是哪些著述没有讲。因此，我们再次对拉露在这段时间发表的著述进行梳理后，发现主要有如下研究成果：《云使》（1921）、《藏文<宝积经>，关于丹珠尔书目》（1927）、《论佛教寺院的装饰》（1929）、《藏文<般若波罗蜜多经>》（1929）、《论佛教巫术》（1932）、《论藏文有后加字》（1933）等。而于道泉在这段时间内，在梵藏文献的整理与研究方面也成果斐然，蜚声国内外。

另外，关于于道泉和拉露之间的关系，我们从1934年于道泉致其父于丹绂的家书之中也略知一点："……而在此班听讲者，泉未来之前只有两人，一为已得有哲学及文学博士之P.A.Durr君；一为曾有关于梵藏著述四五种之M.Lalou女士，曲高和寡，亦无足怪。"②此信息反映出做此类学问者甚少，所以研究者有曲高和寡之感觉，亦不足为奇。在那里，能在一起做学问者，理当是志趣相投者。故而，推知他们的那份同学情谊是为了提升彼此的学问而形成的。

（2）师生之谊。关于于道泉和拉露之间是否有师生之谊，我们仅仅是凭一些有限资料加以推理而定，并没有多少直接的文献资料作为佐证。我们的推测依据是：1932—1934年，她又代替巴雅克·巴科授课。最后，从1938—1963年，她继雅克·巴科任该学院历史和语言学系西藏文献研究导师，一直到1963年退休为止。③从这则资料看，既然拉露女士1934年在高级研究院代替雅克·巴科授课，而这一年于道泉则刚好到高级研究院随雅克·巴科教授的藏文班听讲藏文课。可以肯定，在这期间当作为学生的拉露女士代雅克·巴科教授藏文课时，于道泉作为学生在听藏文课是完全可能的，尤其是拉露女士继雅克·巴科任该学院历史和语言学西藏文献研究导师之后，他们在某种程度上应该是合作型的师生之谊。王尧曾说："……于道泉后又随巴考（J.Bacot）、拉露（M.Lalou）、李盖提(L.Ligeti)等藏学家学习古藏文、藏文文法、蒙古文文法和民俗学，同时在巴黎国家图书馆兼职从事满文书籍编目工作"④。这

①王尧.平凡而伟大的学者：于道泉[M].石家庄：河北教育出版社，2001：327.
②王尧.平凡而伟大的学者：于道泉[M].石家庄：河北教育出版社，2001：327.
③郑炳林.法国藏学家精粹[M].耿昇，译.兰州：甘肃人民出版社，2011：1465
④王尧，陈庆英.西藏历史文化词典[M].拉萨：西藏人民出版社，1998：308-309.

则资料足以证明于道泉是跟随拉露女士学习过藏文或藏文目录学。进一步还有巴黎高等研究院年鉴为证：6月，导师（巴考）应邀赴维也纳、布达佩斯和华沙出席一系列会议。拉露女士被聘为助教老师，指导校勘敦煌出土藏文手稿《白伞盖佛经》（Sitatapatradharant）的几个版本。参与学习会议人：马塞尔·拉露（Lalou）女士、雷娜尔（Reynart）女士、杜尔博士（MM DURR）、雷嘎梅（RèGAMEY）、库尔札（SKURZAE）、于道泉。这也佐证了拉露和于道泉之间的师生之谊，且他们所讨论的是藏文目录校勘内容。因此，如果说拉露"以高度热忱在书目学、版本目录学、索引和残卷文书考证方面做了大量工作"①，那么于道泉在北平北海图书馆和中央研究院所做工作积累的经验，如编《西番语索引》《西藏文藉目录》等，应当对拉露在巴黎国家图书馆的藏文文献整理与研究工作有所帮助。因此，我们认为这是于道泉能顺利到巴黎国家图书馆从事满文书籍编目工作的原因之一。如果说"拉露无量功德就是对图书馆所藏的伯希和敦煌藏文写本进行了修补、编目和考证"②，那么于道泉在巴黎国家图书馆默默奉献的工作也是少不了的。因此，后来拉露在她的一些作品中提到于道泉所做出的贡献，充分地说明这一点。当然，于道泉在书目学上的进步也离不开拉露的指导和帮助，所以说他们这种师生关系是合作型的。值得一提的是在诸多西方汉（藏）学学者中，拉露第一次把于道泉尊称为中国藏学家。③

简而言之，于道泉和拉露女士之间的往来，不仅仅如此，还有很多尚未发掘的资料。我们暂且以于道泉在书目学等科目上的进步和拉露在藏文翻译等科目上的进步，来印证他们之间往来的科研交流成果。事实上，他们之间的往来以及合作研究还有待进一步挖掘整理，我们期待着同人们继续下去。

三、于道泉与西门·华德

西门·华德，也有人写为西门华德，英文全名为Walter Simon（1893—1981）。英籍德人（犹太人），西方学术界认为西门·华德是著名的汉学家、图书馆学者、汉藏语和藏语研究学者。1893年6月10日，生于德国柏林。在柏林大学接受大学教育。1932至1933年，以柏林大学交换人员身份在北京图书馆参加工作。1936年，任英国东方研究院讲师。1938年，任伦敦大学汉语讲师。1947至1960年，任伦敦大学汉语教授，退休后享受荣誉教授。1961至1962年，在多伦多大学做客座教授；1962年，在堪

①郑炳林.法国藏学家精粹[M].耿昇，译.兰州：甘肃人民出版社，2011：1466.
②郑炳林.法国藏学家精粹[M].耿昇，译.兰州：甘肃人民出版社，2011：1466.
③郑炳林.法国藏学家精粹[M].耿昇，译.兰州：甘肃人民出版社，2011：1452.

培拉的澳洲大学做客座教授；1964年后，任英国《泰东》（*Asia Major*）杂志主编。同时，兼任伦敦大学东方和非洲研究学院名誉会员。1970年，分别在墨尔本、堪培拉和东京三地为客座教授。有关藏语及汉藏语比较研究方面的著述颇丰，主要有：《某些藏文后缀及其组合》（*Certain Tibetan suffixes and their combinations, HJAS 5, 1940, pp. 372-391*）、《藏汉语词汇比较》（*Tibetisch-chinesische Wortgleichungen, Mitteilungen des Semi-nars für Orientalisch Sprachen ⅩⅩⅫ, 1929, Abt.I*）、《Kottish 语-藏语-汉语语词对应一例》（*A Kottish-Tibetan-Chinese Word Equation.BIHP 28, 1957, pp. 441-443*）、《藏文Bon 简释》（*A Note on Tibetan Bon, AM 5, 1955, pp. 5-8*）、《藏文的小品词re》（*The Tibetan partiole re, BSOAS ⅩⅩⅩ, 1, pp.117-127,1976*）、《藏语词典学与辞源研究》（*Tibetan lexicography and etymological research, Transactions of the Philological Society, 1964-65, pp. 85-107*）、《在更广泛语言环境中的re》（*Tibetan re in its wider context, BSOAS, ⅩⅩⅪ, 3,1968, pp.555-562*）、《带有牙音语干声母的藏Rans-pa "完全" 的同源词》（*Cognates of Tibetan rans-pa['entire, complete '] with guttural stem initial, BIHP 39, 1969, pp. 287-289*）、《藏语的元音交替》（*Vowel Alternation in Tibetan, AM, ⅪⅩ, 1, pp. 86-99, 1974*）、《书面藏语中的喻化与颚化》（*Iotization and palataliation in classical Tibetan,BSOAS,ⅩⅩⅩⅧ, 3, pp.442-445，,1974*）等研究成果。

　　从以上关于西门·华德的简介，我们可以初步了解西门·华德的主要生平、兴趣爱好、研究方向、学术生涯及著述，对于研究他与于道泉学术往来有一定帮助。然而，要说起于道泉与西门·华德的往来，我们现有资料能直接说明的还十分有限。我们也只能从这些有限的资料里去寻找，并加以梳理归纳，进行综合分析。

　　首先，我们得从北平北海图书馆说起。西门·华德是一位被西方学术界公认的著名汉学家、图书馆学者、藏语和汉藏语研究学者，1932至1933年，他曾以柏林大学交换人员身份在北平北海图书馆工作，专门从事汉语、藏语和汉藏语的研究。那个时期，于道泉也在北平北海图书馆担任兼职图书馆研究员，专门负责特藏部工作。于道泉曾说过："我已由袁同礼先生推荐，到当时的北平北海图书馆（即今北京图书馆的前身）去担任满、蒙、藏文书的采访和编目工作。"[①]因此，我们认为西门·华德和于道泉早在北平北海图书馆时就互相认识，并有了交往，因为他们的学术旨趣和研究方

---

①黄颢，吴碧云.仓央嘉措及情歌研究（资料汇编）[M].拉萨：西藏人民出版社，1982：9.

向是相同的，即他们都致力于梵文、藏文、满文和汉藏语的研究。

当时的国内外学术界都知道于道泉致力于藏、满、蒙等东方少数民族语文的研究，并已成为这方面的专门人才。从于道泉所发表的诸如《达赖喇嘛于根敦珠巴以前之转身》《第六代达赖喇嘛仓洋嘉错情歌》《乾隆御译衍教经》等著述来看，于道泉及其作品已引起国内外学术界的广泛关注，证实了他在学术界里早已声名鹊起。因此，我们认为西门·华德于1932至1933年在北平北海图书馆工作学习期间，已经和于道泉有过密切交往，并且西门·华德在藏语文学习和汉语文学习以及图书馆学的某些工作上应得到过于道泉的帮助。同时，于道泉也可能受到西门·华德在德文和藏语文等方面的影响，以至于在后来留学法国时，不顾傅斯年的劝告，只身赴德，学习德文和藏文。为此，我们认为他们在北平已结下了深厚的情谊，西门·华德在撰写《满文书籍联合目录》序（德文）中就特别介绍于道泉在满文书籍分类编目工作中所做出的贡献。可以说，西门·华德之言是早期国外学者对于道泉的评价之一。

于道泉在欧洲游学期间，先到法国，后来又到德国、比利时，继而又返回法国。再后来，于道泉脱离资源委员会和国立中央研究院的关系，失去了资助，于道泉在欧洲学习生活上遇到了前所未有的困难。1938年，于道泉的故友西门·华德教授在伦敦大学任汉语讲师时，介绍于道泉到英国伦敦大学东方学院执教。正如萧乾在回忆东方研究院时所说："除了不教书的主任，中文系里还有四人。一位是从德国逃来的犹太人西门博士，是高级讲师，一位是嫁给英国丈夫（魏特克先生）的广东女士。于道泉本行是藏文，但那时没人学这门，所以他就改教古汉语。我教的是现代汉语。"[①]通过萧乾对东方研究院的介绍，我们能进一步了解东方学院的汉语教师情况，并明确了当时西门·华德和于道泉是同事关系。伦敦大学东方研究院聘任于道泉为高级讲师，他先后给该院的高级讲师、研究生和大学生讲授过藏、蒙古、汉等东方民族语言课程，历时十余年。在这十余年里，当全世界处在战火纷飞的时候，他在英国高等学府里安静地任教并开展相关学术研究。在他所教的学生中，有的已成为国际知名学者，如语言学伦敦学派的著名代表人物，系统功能语言学的创始人韩礼德教授，就是在他所授的汉语班中学会汉语的；虽然于道泉在生活上有了一些保障，但是他在生活上仍然十分节约，不讲究生活质量，用省下来的钱寄回国，赡养远在东方的家里妻小。

于道泉和西门·华德的交往证实了"患难见真情"的高尚情谊。众所周知，欧洲

---

①萧乾. 未带地图的旅人·萧乾回忆录[M]. 北京：中国文联出版公司，1998：120.

进入第二次世界大战之际，在失业人员越来越多的欧洲社会里，能有这么一位挚友推荐自己到英国一所世界一流的高等学府里，谋到一份职业，从事自己喜爱的教学及科研工作。我们认为这不但彰显了于道泉在东方语文方面的运用能力，而且突显了西门·华德教授和于道泉之间真挚的友谊。诚然，也不排除他们具有"英雄惜英雄"的崇高情怀，或者说是高尚的互助精神。

1941年，萧乾辞去伦敦大学东方与非洲学院任教职务，转赴剑桥大学读研究生之后，教授汉语的任务就由于道泉、西门·华德和魏特克夫人三人分担。如此一来，于道泉和西门·华德之间在教学与研究上的往来就更加频繁了。由此，我们认为西门·华德在汉语研究方面所取得的进步也离不开于道泉的帮助，兼及在东方民族语文领域的研究成果也少不了于道泉所提供的支持。鉴于我们所掌握的文献资料十分有限，只好就此搁笔。我们相信随着新材料的不断发现，必将有相应的补充修订。

以上所述的仅仅是于道泉交往的众多国外学术界名流中的几位，其他还有：大卫·妮儿、石泰安、李盖蒂、丹尼尔·琼斯、韩礼德等。他们都是国外在藏学、汉学和语言学等领域有突出贡献的专家学者，都和于道泉有过密切的交往。曾经在学习工作生活中互相帮助，特别是在学术研究上互相激励和合作，产出很多高质量的科研成果，这些都为于道泉后来回国从事藏学研究提供了必要的资源。于道泉曾在1953年10月8日的日记中记录："又将我在巴黎时所抄的Alexandre David Neel 所藏的藏文书书目，Bacot教授所藏的藏文书书目，北京图书馆所藏的藏文书书目找出来叫谢厚芳和陈金钟开始往卡片上抄。"[①]可见，于道泉和国外学术界（藏学界）的交往对他后来从事藏学研究打下了一定的基础。

---

①据于道泉日记手稿。

第七章
中国藏学研究及佛学研究

第一节　中国藏学研究

王尧在撰写《中国藏学史 （1949年前）》（序言）中曾这样说过："这里，特别要说的是，实际上中国现代藏学研究是陈寅恪（1890—1969）开的头，于道泉（1901—1992）继其后开辟了中国藏学研究，我们选定这一题目也是为了纪念这两位师尊及其他学术前辈。"[①]在这里，我们遵循王尧先生的话语，接过这根接力棒向前行进，探究于道泉开辟中国藏学研究的情结及其对中国藏学的贡献。

一、中国藏学的涵义

中国藏学是相对于国外藏学而言，都是藏学的派生支系。藏学，藏文称为bod-kyi-shes-rig,藏文bod（博）是藏民族的自称，shes-rig可以理解为shes-byavi-rig-pa的缩略语，中文意思是所知的学问或科学。所谓藏学，是指运用现代科学研究方法和手段研究藏族及其文化的科学。因此，我们认为中国藏学就是中国学者运用现代科学研究方法和手段研究藏族及其文化的科学。如果我们依此定义作为研究中国藏学的出发点的话，铺开中国藏学研究的对象，我们就有理论依据进一步展开讨论，那么针对有关于道泉的中国藏学研究情结及其所作出的研究成果，我们则可以进行分期评述。

二、中国藏学研究与贡献的评述

为做好于道泉对中国藏学研究与贡献的评述，本节基于于道泉年谱，[②]将从三个时期叙述：（1）开端时期（1924—1927年）；（2）发展时期（1928—1948年）；（3）成

---

①王尧，王启龙，邓小咏.中国藏学史（1949年前）：修订版[M].北京：中国社会科学出版社，2013：9.

②王尧.平凡而伟大的学者：于道泉[M].石家庄：河北教育出版社，2001：367-385.

熟时期（1949—1992年）。在成熟时期我们改变开端时期和发展时期的研究角度，从扮演或担任社会角色的视角，分三个方面展开讨论于道泉对中国藏学的研究与贡献：第一方面是新社会中国藏学的建设者，主要讲于道泉归国后，施展自己的才华成为祖国民族地区和平解放的建设者和民族地区新社会的建设者，特别是对藏族藏区的建设做出的巨大贡献。第二方面是文化科技领域的领跑者，不管是人才培养，还是追求科技和文化进步，于道泉都是在学科前沿的领跑者。特别是在藏学及相关领域学科的研究方面。第三方面是中外文化交流的使者，于道泉从考入齐鲁大学起，就不由自主地担任起中外文化传播的使者，直到耄耋之年他还为中外文化交流发挥余热。

（一）开端时期（1924—1927年）

我们将于道泉研究藏学的开端时期划定在1924年，因为这年起于道泉放弃官费赴美留学，追随印度诺贝尔文学奖获得者泰戈尔先生到北京，一心想跟着诗圣泰戈尔先生到印度国际大学学习梵文和佛教。由于泰戈尔先生一行与北洋政府当局没有达成"交换生"的协议，所以于道泉未能成行。转而被推荐到任教于北京大学的梵文教授钢和泰男爵门下学习梵文和藏文。于道泉曾说："我于一九二四年从济南到了北京，跟着当时在北京大学任教的帝俄科学院的院士钢和泰（*Baron Alexander A.von Stael-Holstein*）学习梵文和藏文。"[1]由此，我们可以断定于道泉对中国藏学研究的开端时期是从1924年或以后。然而，如果从梵文和藏文的渊源关系上讲，于道泉对中国藏学研究还可以向前推。有人曾认为于道泉的父亲于明信是山东省现代著名教育家之一，广泛涉猎儒学，以及道教、佛教、基督教，并与研究佛学的学者亦有往来。所以，年轻的于道泉受其熏陶，对梵文很感兴趣，很快步入佛学之领地，曾借助一本梵文词典记住了四五千个梵文词汇。由此可见，我们可以肯定于道泉是在1924年上北京之前就已学过梵文，并已略懂梵文。以至于后来于道泉跟随钢和泰男爵学习梵文时，进步很快。因此，还得到钢和泰的表扬，认为他只学了三个月的梵文，比之前几位学生学一年的进步还要大。当然，于道泉在梵文学习上的进步，也不仅仅是因为具有一定的基础，而是归功于他的勤奋努力。同时，我们也知道于道泉学习藏文，至少也是他进京师从钢和泰男爵学习梵文几个月以后的事。于道泉认为一段时间后，他才对佛教史和语言学产生了兴趣，可当他对这几门学问有了积极的兴趣之后，又由于种种原因，就先不学习梵文而致力于西藏文。这些情况说明：一是于道泉已经对佛教史和语言学产

---

[1]黄颢，吴碧云.仓央嘉措及其情歌研究（资料汇编）[M].拉萨：西藏人民出版社，1982：7.

生了兴趣；二是于道泉由原来执着地学习梵文改为学习藏文，也就成为他开始学习藏文，从事中国藏学研究开端时期的分界点；三是究竟于道泉具体是何时开始学习藏文，资料呈现也是个大概的时间。为此，我们从于道泉致孟真（傅斯年）先生的遗札中发现其确切时间是"一九二五年开始研习藏文的"[①]。

爱因斯坦曾说过："兴趣是最好的老师。"从上文得知于道泉已对佛教史和语言学等几门学科产生了兴趣，并且致力于西藏文，说明他已找到这位最好的"老师"，并且这位"老师"激发了他最大的学习动力。正如布卢姆所说："学习的最大动力，是对学习材料的兴趣。"事实证明，于道泉对西藏文这个学习材料的兴趣激发了他最大的学习动力。例如，他想到采取"置身庄岳"的学习途径来达到学习西藏文的目标，于是他想方设法搬到雍和宫里去向西藏派来的喇嘛学者学习西藏文。为此，于道泉曾说过，因为他要兼学藏语，所以就设法认识了在雍和宫住的西藏人，得到了西藏人的允许，就搬到西藏人的院子里去住了几年。对此，于道泉这样描述："当时，我对藏文发生了极大的兴趣，设法认识了雍和宫东侧北大门住的几位藏胞，由他们借给了我一间房，要我搬到他们那里去住，《仓央嘉措》（Tshang dbyangs rgya mtsho）这本书是我在那里住的时候见到的几本使我感兴趣的藏文书之一。"[②]于道泉学习藏文的故事也验证了莎士比亚所言："学问必须合乎自己的兴趣，方可得益。"于道泉就是将自己的兴趣和学问密切地联系在一起，经过几年对藏语文的努力学习研究，终于有所收获。

1926年，于道泉经袁同礼（守和）推荐到国立北平图书馆任职，担任研究馆员，负责搜集蒙、满、藏文字书刊，特别注意收集天清番经局出版物。继续学习藏文，兼及蒙、满文字。于道泉在其译著《第六代达赖喇嘛仓洋嘉措情歌》（序言）中肯定地说："以下这几首歌的拉萨本，乃是四年前在雍和宫找到的。汉文译文也是在那时作成的。"[③]从1931年5月5日于道泉在北平北海静心斋撰写《第六代达赖喇嘛仓洋嘉措情歌》的"序言"时间推断，于道泉所述"四年前"应该是1928年前。因而，我们将1924—1927年划为开端时期。

（二）发展时期（1928—1948年）

这里我们将1928年划分为发展时期的开始，是因为这一年于道泉被陈寅恪推荐到

---

①王尧.平凡而伟大的学者：于道泉[M].石家庄：河北教育出版社，2001.

②黄颢，吴碧云.仓央嘉措及其情歌研究（资料汇编）[M].拉萨：西藏人民出版社，1982：7.

③依据国立中央研究院历史语言研究所单刊甲种之五《第六代达赖喇嘛仓洋嘉错情歌》（译者序）。

国立中央研究院历史语言研究所历史组从事助理研究员的工作，兼职从事北海图书馆研究馆员的工作。在工作形式上是兼职的，但是在实质内容上是全职的，因为在两个工作的地方都是专门搜集整理研究藏、满、蒙等少数民族语言文字书刊和典籍。由于时间跨度较长，我们又将发展期划分为三个阶段：第一阶段（1928—1934年），于道泉在国内的发展；第二阶段（1935—1937年），于道泉在国外的进修拓展；第三阶段（1938—1948年），于道泉展开汉藏语教学与科研。

在第一阶段（1928—1934年），于道泉就显示出他在研究中国藏学方面的潜在力量，展现了他掌握并能熟练运用多种语种与技能的背景优势。实际上，当时他做学术的方法给中国学术界增添了不少新意，有的甚至轰动了国内外相关学术领域，主要表现在以下三方面。

（1）对藏文文献文本的翻译研究。于道泉对文本文献的翻译及研究早于这段时期，应该从1922年他将许地山的《空山灵雨》及其一些散文翻译为世界语算起。但是以藏族文献作为文本进行翻译的应该是1928年的汉译文《馆藏诸佛菩萨圣像赞跋》，这篇汉译文刊于《国立北平图书馆馆刊》（*Bulliten of the Metropolitan Library*）第一卷第二号，1928年，1-9页。[①]它应当是于道泉对中国藏学研究的首篇译作，是它开启了于道泉藏学研究的智慧之门。

同时，于道泉继续与雍和宫的蒙藏僧人学者交往，学习藏语，搜集整理并翻译《第六代达赖喇嘛仓洋嘉措情歌》。由于于道泉在北平图书馆和中央研究院历史语言研究所两个地方工作，从事满、蒙、藏等民族语言文字典籍的搜集整理与研究，工作十分烦琐。在工作中他发现很多新词，这些新词又很难理解，若是有一本词典工具书作为辅助，自己的工作会取得事半功倍的效果。由此，他产生了要编纂词典的兴趣。于是在1929年，他向中央研究院历史语言研究所领导提出编撰藏梵汉文佛教词典的计划。这是一个巨大的翻译工程，涉及宗教学、语言学、翻译学、词汇学、词源学等多学科知识文化背景，很难驾驭。因此，当于道泉把编藏梵汉佛学词典的计划递交给中央研究院历史语言研究所领导时，遭到了拒绝。虽然当时对于道泉的打击很大，但是于道泉并不因遭到领导的拒绝而放弃。相反，他利用一切可用的业余时间，在家里从事这一计划的研究。于道泉曾说："有一段很长的时间，白天我在坐办公室的时候，感到无所事事，盼望早点下班；下班回家后为了整理一份有一万多张卡片的藏-梵-汉

---

①王启龙，邓小咏.钢和泰学术评传[M].北京：北京大学出版社，2009：26.

佛教名词术语词典的资料却工作到深夜。"①这段话从侧面说明于道泉在从事藏—梵—汉文佛教词汇的整理和翻译研究，这是一项十分艰难的工作，这样的工作并非一人能独立完成，需要一个科研团队。当时的中央研究院历史语言研究所在这方面的人才贮备还不足以胜任这项工作，但是于道泉却开了个头，可想而知其难度多大！编纂双语词典难，编纂三语词典更难。它所涉及的翻译工作是十分浩大的工程，所以于道泉编纂词典的思想和过程延续五十年之久，直到1981年，他和他的科研团队才完成这项工作。1983年，于道泉主编的《藏汉对照拉萨口语词典》由民族出版社出版面世，在一定程度上完成了于道泉多年来的心愿，中国学界在藏语口语词汇翻译上有了零的突破。

同时，使他名噪一时、轰动国内外的译著《第六代达赖喇嘛仓洋嘉措情歌》，于1930年，由国立中央研究历史语言研究所出版。它的翻译花费了于道泉近四年的时间，涉及宗教学、民俗学、语言学、词汇学、文学、词源学、史学等学科领域。期间，得到许地山、陈寅恪和赵元任等著名学者专家的鼓励、支持和帮助，经过翻译、对勘、提炼，再翻译、再对勘、再提炼，反反复复若干次才精炼至完美。王尧曾对于道泉先生的英文译本作了评价：

> 于道泉的英文译本于民国19年（1930）出版。此译文字斟句酌，译文准确，保持了原诗风貌。再加上赵元任的国际音标注音，在国内外备受注目。②

这段话讲于道泉的译本是通过字、句的认真推敲考究，来保证译文准确，达到保持原诗的风貌，赵元任对藏文的标音，使整首诗更完美。另外，王启龙则对于道泉的英语译文和汉语译文进行了较为全面的评价：

> 此书英语译文和汉语译文都字斟句酌，准确贴切而又朴实流畅，尽可能地保持了原文风格，堪称一流的译文，诗歌翻译的典范。③

王启龙的评价干净利落、铿锵有力，又有点睛的神韵。然而，也有不同的声音发出。如曾缄曾经就这么说过：

①黄颢，吴碧云.仓央嘉措及其情歌研究（资料汇编）[M].拉萨：西藏人民出版社，1982：12.
②王尧，陈庆英.西藏历史文化辞典[M].拉萨：西藏人民出版社，1998：34.
③王启龙.民国时期的藏语言文字研究[J].西藏民族学院学报（哲学社会科学版），2003（06）：16.

余重至西康，网罗康藏文献，求所谓情歌者，久而未获，顷始从友人借得于道泉译本读之，于译敷以平话，余深病其不文，辄广为七言，施以润色，移译既竟，因刺取旧闻，略为此传。[①]

曾缄所说的"于译敷以平话，余深病其不文"，反映出两人的文化价值取向不同，也反映出当时中国新旧两种文化思想的碰撞。因为于道泉等文学研究会成员是奉行新文化的宗旨，即倡导"五四运动"后的新文化、新文学，采用现代白话文的风格，而抛弃一些旧文化、旧文学的风格。而以曾缄等一批旧文化保守派认为"平话"诗歌"不文"。因此才"辄广为七言，施以润色，移译既竟"。

实际上，于道泉对《第六代达赖喇嘛仓洋嘉错情歌》藏文文献的译文，心里十分清楚明白，所以他在《译者小引》中说：

据我所知，只有英人贝尔氏曾将后边第1，第3，第4，第5，第6，第57各节，及第50节中间的四句译为英文，载在西藏之过去及现在第38，39两页。此外还未见有别人译过。贝尔氏说西藏原文词简意丰，不容易以同样简洁的文字译为英文；我在翻译时乃只求达意，文词的简洁与典雅非我才力所能兼顾。[②]

这段话重述了贝尔氏（C.Bell）所总结的藏文原文词简意丰的特点，及其用同样简洁的语言文字来翻译很不容易，另一方面体现了于道泉在翻译中所采取的方法以及翻译中所持的积极而中肯的态度。显现出于道泉已掌握一套成熟的翻译技能和方法，并初步形成对藏文文献的翻译思想，且在他后来发表的作品中均有所体现。如《达赖喇嘛于根敦珠巴以前之转生》中的藏文、梵文、汉文对照翻译，《乾隆御译衍教经》（藏文原文及满汉译文三体对照，附校勘记）和《译注明成祖遣使召宗喀巴纪事及宗喀巴复成祖书》中的藏文原文和汉文译文，等等。

简言之，在此段时期，于道泉在藏文文献文本的翻译实践研究中，摸索出一套系统的翻译方法和技能，对中国藏学研究做出了积极的贡献，备受中国藏学界，甚至国外藏学界的关注。

（2）对文献文本书刊的编目整理与研究。早在1926年，于道泉被袁同礼推荐到北

---

①白林海.于道泉本〈仓洋嘉错情歌〉的注释方法及学术意义[J].西藏民族大学学报，2017（01）：138.

②依据国立中央研究院历史语言研究所单刊甲种之五《第六代达赖喇嘛仓洋嘉措情歌》第21页。

海图书馆从事文献文本书刊的编目整理与研究，主要负责藏文、满文、蒙古文等少数民族语言文字典籍文献书刊的采访和编目工作。我们可以从《北平北海图书馆第三年度报告》中得到相关信息。

> 本年度为满蒙藏文书编制索引亦为本馆最重要之工作因此三种文字向缺乏有统系之参考书不但研究者感受诸多困难即本馆于编目时亦往往发生不易解决之问题故于去岁将够入之书略加整理后即着手编制索引以穿凿研究之工具计现已编成者有（1）西番译语索引（2）本馆所藏西藏名人著作集十余种之联合索引（3）工布查布所著之番汉药名索引（4）诸佛菩萨圣像赞中汉满蒙藏四体文字三百六十诸佛菩萨名号索引在最近即可成功者有（1）藏文丹朱经（亦名续藏经）索引（2）……（3）满汉合璧八旗满洲姓氏部落及方舆全览之满文及汉文索引。在编制中者有（1）汉满蒙藏四体合璧文鉴之汉文及藏文索引（2）汉文大藏经藏文甘珠经丹珠经及汉满蒙藏四体合璧全咒四书之联合索引 以上各种索引满蒙文者一律以各文字之原有字母为主而以罗马字拼切为副汉文则一律以四角号码为标准焉。①

从以上的内容来看，于道泉在北海图书馆的工作主要是为满蒙藏文书编制索引。实际上，对这些文献进行编目索引工作就是对书目学或目录学的学习实践与研究，其中贯穿图书馆学相关的理论知识。对从事这项工作的研究人员来说，至少掌握汉满蒙藏等几门语言文字，才能担任此项任务。同时，《北平北海图书馆第三年度报告》不但指出了工作的内容和方向，而且还提出对满蒙文书编索引的要求，以及采取的方案和执行标准。可见，这项任务的起点很高，难度很大。于道泉在《满文书籍联合目录》（序）中说：

> ……编辑书目，最感困苦之事，厥分类。西籍为然，汉籍尤甚；而满籍之难，亦不亚于汉籍。西文书之分类，经数百专家，数十年之研究，已规模大备。编目者如决定采用某法，只需熟知其纲领，则细目可依类而求。故难处只在鉴别各书之性质；但如常识丰富，便可应付裕如。汉籍分类，则至今尚无完备方案，故一遇罕见之书，则应归何类，每成问题。至于满文书则决无成法，可供采用。在此种情况之下，惟有参考他书，由编者草创。满文书泰半译自汉籍，自应以汉

①依据《北平北海图书馆第三年度报告》。

籍之分类方案，作为蓝本。惟汉籍分类，尚在聚讼纷纭知识。何舍何从，颇难决定且各类中子目之详略，满汉书籍，差异颇大；归并划分，颇费斟酌，此书于着手之初，分类方案，曾再三易稿，仍觉不恰于心。继思如尽求适意，则改易将无了期。乃余三思之后，即勉为拟定。余于分类之学，既无专门研究；草成之后，又未经专家改正；不妥之处，自所难免。惟于每一条目，俱曾费若干心思，非率尔编定，则敢为读者告也。[①]

从以上资料我们发现，于道泉等在北海图书馆对满文图书进行编目时，在他之前不管是在国内还是在国外，都没有满文编目的成功个案可做参考。由于满文与汉文的渊源关系，所以拟以汉文书籍分类方案为参考。可该方案试行之后，于道泉仍觉得不如意，达不到他所预设的效果。为此，于道泉又草创了一套满文编目方案，即满文分类学。应用于《满文书籍联合目录》之中，其中"费若干心思"是不言而喻的。

俗话说"一分汗水一分收获"，于道泉探索满文书籍编目的方法，以及在编目实践中付出了艰辛的劳动，他们的成功经验，是思想与实践的结晶，是一笔宝贵的财富。于道泉开创了满文书目学的先河。

除了在满文书籍文献的整理研究之外，于道泉在国立中央研究院历史语言研究所还担任藏文书籍的整理研究工作。于道泉曾说：

在这期间，我曾替北京图书馆买到一些蒙藏文书，其中最大的一批蒙藏文书，就是地处原沙滩北京大学一院后身、嵩祝寺天清番经局所印的那批书，在这批书里边有一部《隆多喇嘛全集》（*Klong rdo bla ma ngag dbang blo bzang gi gsung vbum*），此书中有一卷是《嘎当巴及格鲁巴喇嘛著作集约略若干种目录》（*Bkav gdams pa dang dge lugs pablamaragsrim gyi gsung vbum mtshan tho*）。在这时候藏族地区以外研究藏文的人对藏文图书目录还知道的很有限，陈寅恪教授给我安排的研究任务就是整理这本藏文书目录。[②]

这段资料告诉我们两件事：一是藏文文献的来源，及其文献的内容；二是陈寅恪给于道泉布置的研究任务，即整理和研究西藏文书目录，最后编成《西藏文藉目录》

---

①依据国立北平图书馆1933年印《满文书籍联合目录》。

②黄颢，吴碧云.仓央嘉措及其情歌研究（资料汇编）[M].拉萨：西藏人民出版社，1982：11.

在国立中央研究院历史语言所出版。毋庸置疑，于道泉在国立中央研究院历史语言研究所的主要工作是藏文书籍的整理和编目。傅斯年作《国立中央研究院历史语言所二十一年年度报告》中显示：

> 助理员于道泉整理西藏文籍已完成之工作为：
>
> （1）搜集西藏民间故事四则译为汉文及英文。
>
> （2）将梵语灯legs sbyar bshad bahi sgron me 一书译为汉文。
>
> （3）将宗喀巴上永乐皇帝书译为汉文。
>
> 又在近期内完成之工作为：
>
> （1）名贤集之满蒙藏译文之研究。
>
> （2）西藏歌谣谚语之整理及翻译。①

以上公布于道泉在国立中央研究院历史语言研究所担任助理研究员一职，在1933年（民国二十二年）度工作期间，从事藏文文献资料的整理与研究工作，及其所取得的研究成果。从整理与研究工作量的完成情况来看，于道泉已经投入大量的劳动，才在西藏文文献的整理与研究领域取得如此优异的成绩。于道泉在藏文文献整理与研究中，既秉承前人的传统方法，又在实践之中有所突破创新。

实际上，于道泉在中央研究院历史语言研究所从事整理与研究的不仅仅是藏文文献，还包括整理语言学领域的文献。在《史语所十九年上届第一次所务会议》上记载：

> 关于四裔语言学，由陈寅恪、李方桂担任开列名目，交于道泉、王静如整理。②

这一段话证明了于道泉曾从事四裔语言学文献资料的整理与研究工作。从前文介绍，我们知道于道泉作为助理研究员是在陈寅恪研究员的安排下进行研究工作，而王静如作为助理研究员是在李方桂研究员安排之下从事研究工作。故而，此处安排两位助理员在一起联手整理研究四裔语言学文献书籍名目，是理所当然的。他们两人作为稍晚一辈的中国学者，在上一辈学者的指导下从事研究工作，是极其幸运的。这样既培养了他们具备的共同学术旨趣，又培养了他们之间良好的情谊。

综上分析，在此期间，于道泉在文献文本书刊的编目整理研究方面取得了可喜的成

①傅斯年.傅斯年全集：第6卷[M].长沙：湖南教育出版社，2003：381.

②傅斯年.傅斯年全集：第6卷[M].长沙：湖南教育出版社，2003：275.

绩，特别是满文、藏文等东方少数民族语言文字书籍文献的整理与研究成绩显著。因此，我们认为是于道泉打开了满文书目学的大门，为中国目录学领域做出了巨大贡献。

（3）文本的对勘研究。所谓"对勘"，即对质、对照比较。于道泉从开始着手翻译《第六代达赖喇嘛仓洋嘉错情歌》起，就开始做对勘研究，他将拉萨木刻本、达斯本和贝尔氏本逐一进行对勘研究，最后确定六十二首情歌作为母本翻译出版。由于他认真的工作作风和严谨的治学态度，使这部《第六代达赖喇嘛仓洋嘉错情歌》的出版，备受国内外一代代藏学学者的持续关注。王启龙曾说：

> 此书形式上是藏语诗歌的翻译注释，本质上是藏学研究领域语言学、语音学、藏学文学、对勘研究等方面综合研究的完美结合。①

这一段话对《第六代达赖喇嘛仓洋嘉错情歌》作了高度的概括，其中对勘研究就是其亮点之一。现在我们回顾和分析于道泉怎样进行对勘研究。首先，他掌握了多门语言文字作为基础，从而可以比较对勘不同语言的版本。于道泉在写六代达赖喇嘛仓央嘉措小传时，曾涉及使用汉、藏、德、英等四种文字版本。②于道泉将它们进行对勘比较研究之后，才撰写完成这篇仓央嘉措传略。期间，诸如此类的对勘研究，于道泉在北平图书馆编目科和国立中央研究院历史语言研究所担任的工作或多或少都有涉及，尤以《乾隆御译衍教经》（藏文原文及满汉译文三体对照，附校勘记）一文为典型。

以上所说的是对不同语言文献文本之间的对勘研究。另外，也有使用相同语言文字文本的对勘研究。如于道泉在翻译《第六代达赖喇嘛仓洋嘉错情歌》时，首先是对拉萨木刻本进行对勘研究。周季文先生曾经做过梳理，他认为于道泉除了克服词汇（成语、谚语等固定词组）和语法之外，至少他还要做好分首和改错两件事：第一，在印刷或书写的原始资料里，首与首之间没有分开，因为有的部分是四句一首，有的不是四句，而整理者在整理资料时，有的地方恰好分错了。所以在翻译之前，首先要分清首与首之间的界限，即分首。否则，前后相错，译出来会令人莫名其妙。第二，在原材料中藏文错字也非常多。据于道泉统计，"54节中没有错字的只有7节，有时一节中有错字七八"③。所以，在翻译之前，要作好校勘和注释，不对的地方要改过来，即纠错。如，拉萨木刻本的第八页背面的内容原来是：

---

①王启龙.民国时期的藏语言文字研究[J].西藏民族学院学报（哲学社会科学版），2003（06）：16.

②黄颢，吴碧云.仓央嘉措及其情歌研究（资料汇编）[M].拉萨：西藏人民出版社，1982：34.

③黄颢，吴碧云.仓央嘉措及其情歌研究（资料汇编）[M]，拉萨：西藏人民出版社，1982：39.

ཕྱག་བྱུང༌། །ང་དང་བྱམས་པའི་སྙིང་ས་སྐྱོས་རོང་ཐུན་བཤལ། །ལྷས་མ་ཨན་

ནེལ་རོ་མ་ཏོག་ཤུ་དང་གང་གིས། །སྐྱས་མ་བན་ནེ་རོ་ལོགས་ཤེས་གསུང་ཁ་

མཚོ་ལ་མ་གནས། །ལྷ་ས་མི་ཚོགས་ཕྱག་ལ་རྒྱུ་རྒྱལ་མི་སྐྱེ་དག་ཁ། །ང་ལ་ཡོངས་

པའི་རྒྱུ་བྱིང་རྒྱུ་རྒྱལ་གཞུང་ན་ཡོད་དོ། །ཕྱི་ནང་བརྒྱུ་གཟེར་བ་རྣམས་ཤེས་མི་

ལས་ལྷུང་བའི། །སྒོང་ལ་ཡང་སོང་མ་ཟེར་ཕོ་རངས་ལོག་བྱུང་ཟ་ཟེར། སྒོང་ལ་

达斯本的《西藏文法初步》附录Ⅸ第35页中的排印：

ང་དང་བྱམས་པའི་སྙིང་ས། །སྐྱོས་རོང་སྐྱོས་པའི་ནགས་བཤལ། །སྐྱས་མ་ཨན་ནེ་ཚོ་མ་གཏོགས། །ཤུ་དང་གང་གིས་མ་ཤེས།

སྐྱས་མ་བན་ནེ་ཚོ་ལོ་ཤེས། །གསུང་ལ་བ་སྐྱོན་པ་མ་གནས། །ལྷ་ས་མི་ཚོགས་མཐུག་ལ། །རྒྱུ་རྒྱལ་མི་སྐྱེ་དག་ལ། །

ང་ལ་ཡོངས་པའི་རྒྱུ་འབྱིང༌། །རྒྱུ་རྒྱལ་གཞུང་ན་ཡོད་དོ། །ཕྱི་ནང་བརྒྱུ་ཟེར་བ། །རྣམ་ཤེས་མི་ལ་ཤང་བའི། །

སྒོང་ལ་ཡང་སོང་མ་ཟེར། །ཕོ་རངས་ལོག་བྱུང་མ་ཟེར། །སྒོང་ལ་[བྱམས་པ་བརྩལ་པའི། །ཁ་བཏང་པོ་འབབ་བྱུང༌། །

达斯按四句划一首，把这一段分成三首半（他的标志是每一首开头另起一行，结尾用双竖线 ཤེས་ཤང༌），分错了。

于道泉根据内容，把这一段正确的分为三首，前一首6句，后两首各4句，并把错字改正[1]：

（48）

ང་དང་བྱམས་པའི་སྙིང་ས

སྐྱོས（སྐྱོ）རོང（རོང）སྐྱོན་པའི་ནལ（ནགས）བཤལ（གཤལ）།

སྐྱས་སྐྱས་མ་ཨན་ནེ་ཨེ་ཚོ་མ་ཏོ་གཏོགས

ཤུ་དང་གང་གིས་མ་ཤེས།

སྐྱས（སྐྱས）མ་བན་ནེ（ནེ）ཚོ（ཚོ）ལོགས（ལོགས）ཤེས

གསུང་ལ་བ་མཚོ་ལ་མ་གནས།

（49）

ལྷ་ས་མི་ཚོགས（ཚོགས）ཕྱག（མཐུག）ལ

རྒྱུ（འབྱིང）རྒྱལ（རྒྱལ）མི་སྐྱེ（སྐྱེ）དག་ཁ（ལ）།

ང་ལ་ཡོངས་པའི་རྒྱུ（རྒྱུ）བྱིང（འབྱིང）

རྒྱུ（འབྱིང）གྱལ（རྒྱལ）གཞུང་ན་ཡོད་དོ།

---

[1]周季文.《谈仓央嘉措情歌》的汉译[J].民族语文，1985（1）：50.

（50）A

ཁྱི་ཀུན་བཀྲུང（ཀྲུ3）གཞུང（ཞེར）བ

རྣམས（རྣམ）ཤེས་མི་ལག་ལྷུང（ལྷུང）བའི（བ）།

སྐྱོད་ལ་ལང་སོང་མ་ཞེར

ཚོ་རངས་ལོག་ལྷུང་མ་ཞེར།

从以上材料来看，于道泉在文献文本对勘领域的研究已有了新的突破。此外，他还将"分首"和"纠错"等对勘研究方法运用到满文、蒙古文、梵文、古汉文等其他语言文献文本之中，如《满文书籍联合目录》《西藏文藉目录》等。实践证明了这套方法的正确性和科学性。于道泉在藏文对勘研究方面，在工作实践中摸索出的藏文对勘研究方法，为后来的研究者提供了宝贵的经验借鉴。

在此期间，于道泉还积极地向北平图书馆捐赠相当多的图书和图册，以惠及大众，与广大读者分享藏文资料，让大众了解西藏并参与研究藏文文献资料。

综上所述，我们可以说在第一阶段，于道泉在藏文文本翻译研究、编目（书目）研究和对勘研究等领域取得了丰硕的成果，为中国藏学研究发展奠定了坚实的基础。

第二阶段（1935—1938年），于道泉赴欧洲学习进修。

由于于道泉在第一阶段研究成果显著，具有继续从事边疆民族语文研究的巨大潜质，所以需要到国外去进一步进修和学习发展，并夯实多门学科基础知识，开阔学术研究眼界，拓展研究空间范围。前文提过，早在1932年10月22日，傅斯年曾致信蔡元培：

> 于道泉君藏文精通，藏语纯熟，蒙藏会必无如此人才也。……此次巴黎之Musée de Guimet之主任Hackin到北平，以Lessing君之介绍，于君往晤之，谈谈巴黎有机会去否。Hackin君谓弟云，他很愿意约于君去，但本所能担任"一任"否？（a little）弟当时惟欲助成其事，直应曰"可以"。或者他觉得弟回答太痛快了，遂曰："我们彼此出一半，如何？"弟答以商量商量看。弟意，外国的钱亦不可多用，须为于君保留自己用功之时间。（虽说他在Musée de Guimet的事不过看藏文、抄目录，究太机械，于"学"之效差力些。）弟意，具体办法如下：
>
> …… ……

且于君专门藏语佛典，以后必有供（贡）献于本院也。此办法如承兄同意，弟即向对方正式提出矣。①

据此可知，于道泉赴国外进修学习主要是为加强藏语佛典，以及加深和发展对藏文、梵文、土耳其文等东方少数民族语言文字的学习研究。并阐明他若学成归来，于国家来说必是急需之边疆人才，更是蒙藏委员会②必不可少的人才。同时，他专攻藏语佛典等研究，对中央研究院和北平图书馆必将有很大的贡献。

1934年4月，于道泉启程赴法国留学进修，于道泉此去是有目的和任务的。所以，他在1934—1938年期间主要在土耳其语、藏文、蒙古文和民俗学等方向发展，据记载：

入巴黎大学现代东方语言学院学习了土耳其语，后又随巴考(J.Bacot)、拉露（M.Lalou）、李盖提（L.ligeti）等藏学家学习藏文文法、古藏文、蒙古文文法和民俗学，同时在巴黎国家图书馆从事满文书籍编目工作。③

这一段资料反映了于道泉在法国留学进修学习及兼职工作的概况，主要展现了他为了更好地发展自己，而选择老师，并根据主要进修的科目加强对中亚和西亚语言的学习，如土耳其语、藏文文法、古藏文、蒙古文文法和民俗学的学习。同时，又在法国国家图书馆兼做法藏满文书籍的编目工作。实际上，于道泉为了更好地发展自己，还学了许多与其进修科目相关的学科。比如他为了便于研究西北史地，知道掌握蒙藏回语言文字是必不可少的工具。所以，他在进修学习蒙藏语言文字的时候，同时也学习了回文。既要到巴黎大学的印度学院听Foucher教授用梵文课本讲胜论派哲学一小时，又要到高等研究院听普鲁斯基（Przyluski）教授讲《大乘庄严宝王经》梵藏汉文比较研究一小时，还要到高级研究院听巴考教授讲西藏高僧Marpa传一小时，并和他研讨藏文的翻译，每周都如此重复进行。

另外，为了进一步有利于自己对藏文等东方语言文字的学习和研究，于道泉首先和陈寅恪教授往来，后来又和西门·华德教授深交。陈寅恪教授曾经游学德国柏林大学，随吕德尔斯（Heinrich Lüeders, 1869—1943）等东方学家学习梵文及其他古代语言文字，并掌握德国的历史语文考证方法。陈寅恪的学识和史学治学方法使他成为于道泉最

---

①王汎森，潘光哲，吴政上.傅斯年遗札：第一卷[M].北京：社会科学文献出版社，2015：318-319.
②喜饶尼玛，苏发祥.蒙藏委员会档案中的西藏事务[M].北京：中央民族大学出版社，2006：15.
③王尧，陈庆英.西藏历史文化辞典[M].拉萨：西藏人民出版社，1998：308-309.

服膺的人物，而西门·华德教授则是于道泉亲密的德国友人，曾与于道泉在北平图书馆合作共事，他曾赞誉于道泉是满文书籍目录的编纂制定者和修订者。他们两人都对德藏梵文、藏文、满文等东方民族语言文字研究有突出的贡献，在学术研究之路上对于道泉有一定影响。那时，于道泉曾因参考西籍深感不通德法文之痛苦。故而，于道泉认为自己已经掌握法文了，若再掌握德文对学习研究西籍藏语文将有很大的作用。

1935年8月15日，于道泉虽有冒着违反《教育部公布国外留学规程》第十七条关于"公费生于留学期内，非有特别情形经各省市转呈本部许可者不得变更其所研究科目及留学国，违者取消留学资格，勒令返国，并追还其以前所领一切费用"之规定，但依《附则》第四十四条则可以变通，且出国前傅斯年谓此次于道泉出国主要是开阔眼界，英、法、德三国都须一游。因此，他没有向国立中央研究院历史语言研究所傅斯年所长请示，在暑期以游学的方式前往德国进修学习德文。依照于道泉关于学习欧洲语言的说法，即精通了英语后再学法语，所花精力大约只需学英语的二分之一；然后再学德语，则所花精力只需四分之一……于是，他在德国这个德语环境里潜心学习德语，并掌握了德文文法。参与到德国人的生活环境中，体验了丰富多彩的日耳曼民族文化生活。特别是和几位欧洲共产国际同志到马克思故居游学，使于道泉受益匪浅。期间，于道泉把二百多首藏族民歌译成德文。通过民歌的翻译来加强德文和藏文的学习，既学到了日耳曼民族的文化知识，又对推动中德民间文化交流有积极的作用。

回到法国巴黎后，于道泉拒领国立中央研究院的官费，选择在国外继续学习、工作和探求藏学的发展。留在巴黎重操旧业，以半工半读的方式，一边在巴黎大学图书馆帮助整理图书并编写图书目录，一边在东方语言学校兼职汉语教学工作，自力更生，并继续汇款回国赡养家小。

通过上述研究可知，这一阶段于道泉在学业能力发展上有了大幅度的提升，不管在选修研究科目的深度上，还是跨学科或相关科目的广度上，他都下足了功夫。尽管国内外政治风云涌动，他还是能静下心来边读书边工作。

第三阶段（1938—1948年），伦敦大学任教与科研。

于道泉在这一阶段的情况，王尧曾经做过这样的概述：

> 27年（1938）赴英国，入伦敦大学东方与非洲学院，任高级讲师，教汉语、藏语和蒙古语，并将100多首藏族民歌译成德文。在英国的10年，除了担任教学工作外，主要钻研心灵学。[1]

---

[1]王尧，陈庆英.西藏历史文化辞典[M].拉萨：西藏人民出版社，1998：309.

这一段话承载的信息基本为三条：一是时间节点为民国二十七年，即1938年。二是地点和职业，即伦敦大学东方与非洲学院，职业是高级讲师，从事汉语、藏语和蒙古语的教学与科研。另外，为了加强藏族民间文化和日耳曼民族民间文化的交流，于道泉把100多首藏族民歌译成德文。三是业余研究兴趣，即钻研心灵学。

英籍德国友人西门·华德推荐于道泉到伦敦大学东方与非洲学院从事教学工作时，也就是于道泉正式开始对藏语教学的探索与实践的时候。他从一个文化知识接受者和探索者的身份转变为文化知识传播者的身份，由于身份角色的转变，他多了一份责任和担当：把汉、藏、蒙等东方语言文化思想传播出去。如他将100多首藏族民歌译成德文，让更多懂德文的欧洲民众欣赏藏族民歌文化，领会那绚丽多彩的青藏高原之声。同时，为了让欧洲广大民众了解中国解放区民众的生活新面貌，他积极传播中国解放区的新文艺作品。例如，他把赵树理的小说《李有才板话》和《李家庄变迁》译成法文，在法国《人道报》①所属的刊物上发表。②

与此同时，于道泉很注意观察国外藏学研究的动态，如1940年，在巴黎出版了名为 *Documents de Touen-Houang Relatifs à L'histoire du Tibet Paris*（《敦煌本西藏历史文书》）一书，该书的出版又将西藏历史的研究向前推进到了一个崭新的境界，成为研究藏族的古代历史、语言和社会最有影响的著作之一。于道泉1948年回国时，还将这本书带回，并嘱咐王尧译出。除此之外，于道泉十分关注英藏藏文文书资料③。后来，当于道泉向英国伦敦印度事务部，提出要为中国复制相关的藏文资料时，一位叫翟尔斯（也译为翟林奈，英文名L.Giles）的管理人员百般阻挠，敷衍搪塞，最后不了了之。于道泉的遭遇反映出那个时代的社会现实：一方面西方某些国家对中国进行经济文化资源掠夺，另一方面又对中国进行经济文化科学技术封锁。

可以看出在这一阶段于道泉无论是教学工作还是科研工作，都取得了显著的成绩。虽然在其中碰到许多问题，但他都努力克服了，为回国参加工作做足了准备。

（三）成熟时期（1949—1992年）

我们可从三个方面展现这一时期的于道泉：第一方面是新社会的建设者。于道泉归国后，施展自己的才华为祖国民族地区和平解放的建设和民族地区新社会的建设，

①《中国大百科全书》第二版总编辑委员会.中国大百科全书[M].北京：中国大百科全书出版社，2009：18-354.

②王尧.当代名家学术思想文库：王尧卷[M].沈阳：北方联合出版传媒（集团）股份有限公司，2010：1052.

③这里指的是法国人伯希和和英国人斯坦因窃运到国外，并分别收藏于巴黎国家图书馆和伦敦印度事务部图书馆（后改大英博物馆和图书馆）的藏文文书资料。

特别是藏族藏区的建设做出了巨大的贡献。第二方面是文化科技领域的领跑者。不管是人才培养，还是追求科技文化的进步，于道泉都是担当在前沿的领跑者，特别是在藏学及相关领域学科的研究尤为突出。第三方面是文化交流的使者。于道泉从考入齐鲁大学起，就不由自主地担当起了文化交流的使者，直到耄耋之年还为开展中外文化交流发挥余热。王尧曾做过简明扼要的记载：

> 1949年新中国成立后，回到祖国。最初任北京大学文学院东方语文系藏文教授，1952年高等学校院系调整后调到中央民族学院民语系任教。1953年主持编纂《藏汉对照拉萨口语词典》。"文化大革命"期间，其教学和科研工作均中断。1973年以后，创制出一套精巧的汉语数码代字，并加以利用，设计出一种十分简便的方框式盲文符号方案。1982年撰写了《普通文字的数码代字：数字化文字与拉丁化文字对照》一文，提交第十五届国际汉藏语学术会议。①

以上这段资料从文化层面简述了于道泉回国后这一时期担任藏文教授所从事的藏学工作以及产出的科研成果。实际上，于道泉所从事的不仅仅是上述教授藏文和科研工作，他还肩负着社会主义中国藏学建设、文化科技领跑、文化交流使者的任务。

（1）社会主义中国藏学的建设者。新生活开始了，他正当盛年，必须大显身手干一番事业，以掌握的所有文化知识与技能参与建设社会主义新中国。

> 他急不可待地与当时担任东方语文系主任的季羡林先生见面、磋商，确定在东方语文系内开设藏语专业，季先生推请于道泉先生担任组长。组内还有王森、金鹏、韩镜清几位同事，共同工作，并立即开始招生。②

这一段话反映了当时于道泉投身于新中国文化领域建设的场景，内心急切的他果敢地担起了新中国藏学专业建设者的重任，在新中国新社会的环境中开辟了藏学专业。至此，中国藏学作为一门学科在社会主义新中国的高等学府里诞生了，于道泉作为首批建设者，毫不犹豫地履行职责，为建设好这一学科而继续躬耕前行。

藏族历史语言文化博大精深，令人神往，藏学教育责任重大。于道泉既要高度重

---

① 王尧，陈庆英.西藏历史文化辞典[M].拉萨：西藏人民出版社，1998：309.
② 王尧.平凡而伟大的学者：于道泉[M].石家庄：河北教育出版社，2000：347.

视研发藏族悠久的历史语言文化的重要性，又要把握好培养藏学人才的一般规律性和特殊性。一面要用藏族悠久的历史语言文化来培养藏学人才，且充分发挥这些藏学人才的能力；一面还要挖掘藏族历史语言文化和探究藏族人民现实生活中所应用的"活"文化，为西藏的和平解放和社会主义祖国边疆建设与发展多做贡献。他着手从以下几方面开展工作。

①藏学学科建设。藏语专业和其他学科专业一样都有其一般规律性，需按照专业正常发展的方向开展专业活动。

于道泉在建设藏语专业的时候，在学制上设置专科生、本科生和研究生三种学制：专科生学制正常培养为两年制和三年制；本科学制正常培养是四年；研究生学制正常培养为三年。在课程设置上，开设有基础课、专业课和知识课等课程。保质保量完成教学任务，实现藏学人才培养的目标。

社会时局的特殊性需要，注定了于道泉要打破藏学教育的一般规律性，或者说是藏语传统教学方式，而采取一种新的教学方式，以便于适应当前紧迫的需要。故而，在藏语学习方案中他采用了速成的办法，当然教学方式也应紧跟步骤用速成方式。在藏语班的教学活动安排上某些方面就体现出一定的特殊性。有人曾作过总结：

> 在一九五一年的第一个学期藏语班的教学中，他（于道泉）为藏文和拉萨话方言制定了一整套具有较高学术水平的拉丁转写和拉丁注音符号系统。这两个方案充分利用了二十六个拉丁字母，没有任何附加符号，从而给藏文转写和注音的打字、排版印刷以及现代的电子计算机文字信息处理等方面，带来了极大的方便。通过这两套符号，他改革了传统的藏文教学方式，使学生以事半功倍之效迅速地掌握藏语和藏文，从而培养了一大批从事藏学教学和研究的学生，其中大部分已成为我国藏学界的骨干力量。[①]

于道泉设计的两套符号系统，改革了传统的藏语文教学方式，即把先学藏文文字，再学藏语口语的传统藏语文教学方式，改为先学藏语口语，再学藏文文字的新的教学方式。这样做不但降低了学习藏文和藏语的难度，而且能最大限度地激发学生学习的兴趣，起到事半功倍的作用，达到预期的效果。为了检验这一方法的效度，于道

---

①廖波.于道泉教授的学术之路[M]//《藏学研究论丛》编委会.藏学研究论丛：第四辑.拉萨：西藏人民出版社，1992：51.

泉带领全体学生到藏族藏区进行"置身庄岳"的学习实践。实践证明这两套符号系统是有效可行的，保证了学生在短时间内掌握藏文，达到藏语速成的目的。因此，在祖国解放初期，这种速成方法还推广到其他民族地区党政军机关、企事业单位干部的培训中去，如干训班、速师班等。在一定程度上，解决了解放初期民族地区人才严重短缺的问题，为民族地区社会主义社会建设提供了智力支持和人才保障。实际上，于道泉在1972年4月29日日记中曾谈过"推广拉丁代字用电子计算机做藏汉旧名词词典，做西藏档案资料索引等"事宜。总之，于道泉在藏学学科建设中，适时作出有关学科教学调整，使藏学学科藏语教育开展得有声有色。

②建设藏语文献及语料库。于道泉最早投身于藏语文古籍文献的编目和采访搜集工作，源于20世纪20年代中期。1927年于道泉经北海图书馆副馆长袁同礼先生推荐在北海图书馆担任编目员，负责藏、满、蒙文书的采访和编目工作。自那时起，他就成为一个名副其实的藏语文献库建设者。黄明信曾有记载：

> 于先生与北京图书馆有悠久的历史关系。1934年出国之前他为北图特藏部的建立做了大量的工作，1949年回国之后在中央民族学院任教期间仍有很长的一段时间兼顾着北图的工作。我到北图来也是于先生介绍的。北京图书馆从30年代初起就设置了特藏部，收藏满、蒙、藏以及其他兄弟民族文字的文献，这在全国的公共图书馆中是少有的。
>
> 即使从今天的藏书情况来看，特藏部的古籍三分之二以上也是当年于先生、彭色丹喇嘛和李德启先生采集来的。[①]

黄明信先生的这一段话，讲述了于道泉在北京图书馆特藏部的工作概况，以及于道泉与北图特藏部的渊源。可以说特藏部是在袁同礼馆长的领导下，于道泉一手抓起来的，他对特藏部怀有很深的感情。即使后来在国立中央研究院历史语言研究所从事助理研究员工作，也还在北图特藏部兼职研究馆员工作。尤其是1951年，从北京大学东方语文系调到中央民族学院工作后，他一直兼任北京图书馆特藏部主任和研究馆员（不带薪）。由此可见，于道泉回国后，北京图书馆欢迎这位在海外游学十几年的老

---

①黄明信.黄明信藏学文集：藏传佛教·因明·文献研究[M].北京：中国藏学出版社，2007：568-569.

员工——资深的图书馆研究员回馆工作，并委以特藏部主任一职，同事中还有他当年的搭档——担任兄弟民族语文股股长的李德启先生。

特藏部首先开展了对蒙藏满等文字古籍的抢救工作，有北京刊刻的，如嵩祝寺天清番经局和清初诸王府刊版。也有地方刊刻的藏文古籍，如德格更庆寺和八邦寺藏版的全部印本。另外，还搜集散落在民间地方上的散本，按现代目录学的要求标准把这些搜集来的古籍文献进行整理编目与研究。可以说，经袁同礼、于道泉等一代图书馆人的努力工作与无私奉献，北图特藏部成为国内珍藏蒙藏文献古籍最全的地方。其次是对藏语口语资料开展搜集工作。因为在北京的藏族人及喇嘛很少，所以对藏区藏语口语资料的搜集有限。因此，于道泉担任藏语专业教授之后，把教学重点转向藏语口语的教育，把学生带到藏区和藏族同胞一起生活，到寺庙和喇嘛一起倾听高僧活佛讲经、学经，广泛搜集藏语口语语料，训练学生藏语口语交际技能，提升学生藏语口语交际能力。车谦先生曾回忆说：

> 在甘孜的实习生活是热烈而紧张的，……学习上除了班、组以外，还成立了互助小组，互帮互学，达到共同提高的目的；按照规定的时间组织同学接触藏族群众，给群众做好事，访贫问苦，收集词汇和句子……一面学习语言，一面锻炼思想。住贡嘎寺学习期间，还请……活佛是用康藏语讲授，这对才学过一点点拉萨话的同学们来说，其难度是异乎寻常的。大家就是在于道泉等老师的指导下……①

这段话真实地反映了当时于道泉把藏语教育、实践与科研联系在一起的思想。他充分利用藏语实习的机会，发挥同学们学习藏语的主观能动性，把他们所学的藏语口语语料都搜集起来，包括碰到的、听到的、看到的、所说所讲的、所问所答的等所有词汇和句子。于道泉也曾在日记中写"和杨炎侯、庄晶、赵康、车如龙、罗秉芬、耿予芳等开队部会议，讨论学习问题，决定发动同学分头去记mi nyag话的生字，然后将记下的字汇集起来发给同学去学。并且决定到营官寨去请一位讲汉语和mi nyag话都很流利的姓穆的小女孩来"②，帮助实习同学学习mi nyag话。由此而知，他们把收集到的语料整理成最早的藏语口语语料库，先后经过几次补充整理后汇编成《藏汉拉萨口

---

①车谦.老师与楷模[M]//《藏学研究论丛》编委会.藏学研究论丛：第四辑.拉萨：西藏人民出版社，1992：38-39.

②依据于道泉日记手稿（1952年9月14日）。

语词汇》（1954）、《藏汉口语词汇》（拉萨方言）（1957）、《藏汉口语词典》（1960）、《藏汉对照拉萨口语词典》（1983）。

通过上面的分析可知，于道泉从藏文古籍文献和日常生活的藏语交际口语调查收集所得到的词汇及其句子两方面来建设藏学古籍文献和口语语料库，为藏学学科教学和科研奠定了坚实的基础，并且取得了良好的学科研究成果。

总而言之，于道泉是一位藏学学者，更是社会主义新中国的一位现代藏学建设者。他不仅在藏学学科、藏学古籍文献及其口语语料库的建设上抛洒汗水，辛勤耕耘，而且还做了很多有突出贡献的工作，如中央人民广播电台藏语栏目组的组建工作，1954年《中华人民共和国宪法》（第一部）的汉文译藏文的指导工作，等等。

（2）文化科技的领跑者。于道泉在山东省立甲种工业学校所学的是化学，属于理科。到齐鲁大学后，虽然他所选学的是文科，但又选修了在文科课程设置下面开设的化学、化学实验等理科课程，所以他又具有扎实的理科基础知识，训练了他理科的思维，为他的学习与研究打下了良好的跨学科文化知识基础，也为他在文化科技领域担任领跑者提供了必要的保障。

①藏语文教学与研究的领跑者。于道泉从20世纪20年代末30年代初搜集、整理与研究《第六代达赖喇嘛仓洋嘉错情歌》时，就为藏语文教学与研究开创了一个良好的开端，为后来的诸多学者领跑。黄明信曾说：

> 对我个人来说主要是从其研究方法和发表方式上得益最大……我的《藏历的原理与实践》一书就是从于（道泉）先生此文得到启发，将原文、译文、注释、研究文章放在一起发表的。曾经有人认为这样把工作性质不同的内容放在一起，究竟算是编？还算是译？究竟是算整理古籍？还是算著作？不伦不类，不便于署名，而且增加读者的负担，不如分开出为好。出版社也说他们曾经有过不出两种文字对照本的规定。但我认为如何署名是次要的问题，读者的需要与方便才是主要的，坚持仿照于先生的方式发表。后来发行的情况和读者的反应都证明这种方式是对的。[1]

黄明信先生的这一段话，对于道泉在藏语文化研究的方法和出版方式的先进性进

---

[1]黄明信.于道泉先生二三事[M]//《藏学研究论丛》编委会.藏学研究论丛：第四辑.拉萨：西藏人民出版社，1992：14-15.

行了概述论证，并用实践再实践的方法检验。他用成功的案例事实证明了于道泉所开创的研究方法和发表方式的科学性。这种"以事实为依据，以理论为准绳，用实践来检验"的评价方式很特殊，非常有说服力，充分证明了于道泉先生的学术研究方法是经过历史考验的，具有科学的生命力。

另外，在社会主义社会的新环境下，于道泉在中国藏学教学方面进行革新，突破传统方法，开创新方法，突破文字、语音等藏语语言学习瓶颈，开创了新的局面。王尧曾总结于道泉的方法之一：

> 学习一个民族的语言最好的办法是到那个民族地区去学习。按他的话说："置身庄岳，事半功倍。"在他的建议下，把第一批投身到藏语学习的莘莘学子一起送进藏区，而由于道泉自己带队，前往著名的贡嘎雪山，礼聘著名藏族学者贡嘎活佛（1893—1957）为藏文教授，把学生引进了地地道道的藏文化境界中去，收到极好的效果。此后，这一条经验成为中央民族学院民族语文系的常规，一直在教学中施行。①

王尧的这段话，是他自己师随于道泉教授学习藏语文的亲身实践与体验而得出的心得。他"置身庄岳，事半功倍"的语言学习方法是值得推广实施的。所以，这条经验在教学活动中一直被中央民族学院（今中央民族大学）实施推广，成为常规。此外，于道泉在藏文词汇、语义、语音、句法等方面的研究也相当深入，得出的成果毫无保留地传给他的弟子们，让后辈们继续向前勇攀藏学高峰。

②现代藏语文翻译的领跑者。藏文翻译源远流长，自古以来产生很多藏文翻译学者、译经大师。他们为藏文的翻译事业付出了辛勤的汗水，做出了卓越的贡献，创造了藏汉文化翻译的辉煌。然而，采用现代白话文从事藏汉文化翻译事业，应当首推于道泉。我们以他翻译的代表作《第六代达赖喇嘛仓央嘉措情歌》为例，庄晶曾经就说："翻译过程中于于道泉和李有义教授前受教甚多。"②一语道出庄晶在藏文翻译过程中受到于道泉的影响，此外，从王沂暖的《仓央嘉措情歌》翻译本来看，他也受到于道泉所采用的白话文自由体诗歌翻译的影响。就文本翻译来说，即使到20世纪90年代以后，于道泉的翻译方法仍然影响着后来的诸多青年学者。因此，毫无疑问于道泉

①王尧.平凡而伟大的学者：于道泉[M].石家庄：河北教育出版社，2000：352.
②黄颢，吴碧云.仓央嘉措及其情歌研究（资料汇编）[M].拉萨：西藏人民出版社，1982：482.

是现代中国藏文翻译史上的领跑者。中华人民共和国成立之后，于道泉积极投身于藏语口语的翻译，改变了之前藏语文只注重书面语文翻译的惯例，突破了藏语翻译过于集中在译经的传统翻译，而把藏语翻译的中心转移到藏语日常交际口语的翻译中来。一改之前的藏文翻译多为寺庙喇嘛僧侣和上层贵族阶层服务的局面，继而惠及普通大众。

最后，也是最值得强调的一点，即于道泉很早就关注翻译机械化问题。那是于道泉1934年4月赴法留学途经越南西贡时，在一份英文报纸上看到"一句开玩笑的话"①启发了他，期间他一直在关注世界各大报刊关于"机械翻译"的报道，有美国、英国和苏联的相关报道，但都很令他失望。1949年他回国后，尽管从事繁重的翻译和教研工作，但想尽一切办法解决翻译机械化的问题，若能实现翻译机械化，就会使翻译工作事半功倍。于是他将自己的想法逢人便说，希望得到同人和领导的支持，但"许多人听了我的话都一笑置之。这是近六七年来我最感痛苦的事"②。为此，于道泉计划把自己的想法变成现实，他曾用手代替机器做过实验：

> 我遇到的这些挫折，从来没有使我对翻译机械化的本身失掉信心。当时我想，只空口讲道理，恐怕不容易将人说服。只有做一些实际的试验，将试验的结果摆在人的面前，方能使人相信。因为需要用手代替我理想中的机器，这样的试验是相当耗费时间的。平常日子我抽不出这样多的时间来。去年暑假，我曾利用假期在家里找了两个助手帮我做了一点小规模的试验。因为是第一次试验，在工作方法上没有考虑周到，所得到的结果虽然使我自己增加了不少的信心，但是我感觉到对别人恐怕没有足够的说服力。我打算以后继续试验，一直到试验的结果有很大的说服力时，再拿来别人看。③

这一段话讲述了于道泉怎样通过试验来验证自己关于翻译机械化的想法，他认为通过"摆事实，讲道理"的方法，才能促使科学界和翻译界更多的有志之士投身于这项研究。他于1956年10月20日在《中央民族学院院刊》发表《谈谈翻译机械化》之后，引起了有关部门领导和社会各界的关注，后来，一些相应的科研项目和机构成立

①依据1956年《中央民族学院院刊》刊载的《谈谈翻译机械化》一文。
②依据1956年《中央民族学院院刊》刊载的《谈谈翻译机械化》一文。
③依据1956年《中央民族学院院刊》刊载的《谈谈翻译机械化》一文。

了，有人曾这么写：

> 我国是继美、英、苏之后世界上第四个最早开展计算机翻译研究的国家，计算机翻译在苏联的研究成果传到我国之后，才引起人们的注意。但在此之前，于道泉也曾提出如何利用机械化来寻求翻译出路的想法，计算机翻译在一些科学工作者和翻译家的脑海里出现过，并且在如何进行翻译的问题上有过一些考虑。……1957年，我国的计算机翻译研究工作正式开始，主要是俄汉、英汉计算机翻译研究。[①]

由这则材料可知，于道泉当是我国早期计算机语言翻译探索的先行者之一。

事实上，于道泉不仅在藏文及其翻译机械化等科技领域是领跑者，而且在其他科技研究领域也起着带头作用。王尧曾说："但后来，他的兴趣转移了，他对宗教这一类神秘主义的东西很有兴趣，又去搞一些有利于民生的，比方说太阳能，现在的太阳能就是他最早开始研究的；还有人工培养蘑菇，也是他从国外带回来的技术。"[②]

（3）文化交流的使者。于道泉一生和文学、史学、藏学、佛学、目录学、语言学、翻译学等学科的渊源很深，早在就读齐鲁大学期间就开始尝试对文学的介绍、翻译，后来又陆陆续续地接触文学、史学、藏学、佛学、语言学、目录学和藏学等学科。在中国现代藏学家之中，他无疑是一位卓有成效的文化交流使者，不仅自己担任文化交流的使者，而且还培养了一批新的文化交流使者。由于于道泉的兴趣十分广泛，又掌握多门语言文字，学习研究对象经常转移，所以难以详尽地评述，此处仅从以下三方面进行归纳评述。

①传播中西新文化的使者。自于道泉考进齐鲁大学的那一刻起，他就不自觉地担当起中西新文化传播的使者。由前述可知，齐鲁大学是国外基督教会差会联合主办的一所大学，担任教学任务的教师多是国外基督徒或国内接受外国文化的基督徒，于道泉在那里接受很多新文化新思想，和很多思想先进的文人、学者来往。

他在齐鲁大学求学时，有一位美国学者莅临齐鲁大学讲学，需要一位随堂英文翻译，于道泉就充任了翻译员。当然，也是这一次担任陪同翻译员的机会，使老师和同学们对于道泉有所了解，认为于道泉可以胜任中外文化交流的使者。后来，在印度文

---

①张政.计算机翻译研究[M].北京：清华大学出版社，2006：40.

②王铭铭.中国人类学评论：第14辑[M].北京：世界图书出版公司北京公司，2009：170.

学巨匠泰戈尔先生访问中国，到达济南的时候，于先生被济南学界推举担任泰戈尔先生的陪同英文翻译员。值得一提的是在于道泉与泰戈尔相处期间，泰戈尔在济南的演讲和交流活动中介绍了印度文化，同时于道泉也用英语和梵语向泰戈尔介绍了济南的历史文化，特别是佛教历史文化，把整个活动推向高潮。能够营造这样一个融洽、热烈和友好气氛，得益于于道泉作为一个中印文化交流使者所起的作用。难怪有人说泰戈尔的济南之行，结缘于道泉和季羡林也是他此行的硕果之一。诚然，不可忽视的另一项工作是于道泉在齐鲁大学时还翻译了美国作家卜赖尔（R.B.Blair）的著作 *The World Remapped*（《世界地理之改造》），译介世界大战结束之后，各国疆域的增削，各民族的离合，诚治近代史地者应用之善本。于道泉的这部译著，能让更多的中国人了解当时的世界局势，也为研究者提供了研究近现代中国史和世界史的史料。

1924年，于道泉到北京大学跟钢和泰男爵学习梵文和藏文，研究佛经。又接替江绍原担任钢和泰梵文课堂的英文翻译，间接担当梵文文化传播的使者。即使到欧洲游学，他也是在担任文化交流传播的使者。于道泉说他在英国的时候，曾经有一位新闻记者鼓励他将当代中国的一些文学作品翻译为英文。于是，他就将《李有才板话》那样反映解放区生活的小说翻译成英文，让世界人民了解中国解放区的文学和文化思想。

北平和平解放后，他回到祖国，来到了他离别16年的北平（京）城，投入到新中国建设中。时逢解放军挺进西南，广大藏族人民渴望藏区和平解放，保我西部边疆领土完整和人民过上新生活。他发挥自己藏语文文化知识的专长，再一次做藏文文化的使者。

②传播藏文化的使者。于道泉回国后，再次担任传播藏文文化的使者。确切地说他应该是新中国藏文化传播的使者，如果以1949年划分为一个时间节点，那么1928年至1949年，是于道泉对藏文化传播的一个高峰期，他对传播藏文历史文化所作的贡献，不胜枚举。

在北平北海图书馆和中央研究院历史语言研究所工作期间是一段高潮，他先后发表了《〈馆藏诸佛菩萨圣像赞〉跋》（1928）、《达赖喇嘛于根顿珠巴以前之转生》（1930）、《第六代达赖喇嘛仓洋嘉错情歌》（藏、汉、英三种文体，1930）、《乾隆御译衍教经》（藏文原文、汉文译文和满文译文三种文体对照，附校勘记）（1931）、《译注明成祖遣使召宗喀巴纪事及宗喀巴复成祖书》（1935）等译著。于道泉能够发表这些著作就足以证明他一直致力于藏文化的传播，尤其是其译著《第六代达赖喇嘛仓洋嘉错情歌》的出版，不但把藏文化思想传播到国外，而且还对早已传播使用的达斯字典作了纠谬。堪称中国藏学的第一部专著。

1934—1948年，于道泉赴欧洲游学，首先是随巴考教授学习古藏文，不久就和巴考教授交流藏文文法及藏文翻译，整理法国国家图书馆满文古籍目录，又和拉露合作整理法藏敦煌藏文古籍文献。王尧曾说过：

我国藏学研究的先辈于道泉（1901—1992）先生，1934—1939年到巴黎索邦大学师从巴考（J.Bacot 1877—1965）学习藏文，当时班上只有三个学生，另外两个是拉露和杜尔。从汉藏兼通来说，编纂"拉露目录"的应该是于先生，可是原目录还是出于他的老同学拉露之手，对我们中国人来说，这是多么痛心与遗憾！[①]

这一段话简述了于道泉在巴黎留学进修期间的经过，他与拉露一起合作整理和研究法藏敦煌藏文古籍文献，从汉藏兼通的视角说明了于道泉所做出的贡献。另一方面也说明了拉露所编著的 *Inventaire de manuscrits tibétains de Touen-huang,conserves a la Bibliotheque Nationale*（《巴黎国家图书馆藏敦煌藏文写本目录》）中有于道泉参与整理和研究的成果，从侧面映射出"拉露目录"也是中西学者藏文化交流的成果之一。拉露在一些作品中高度赞扬于道泉在法国留学时所做的贡献。另一方面，于道泉在德国学习德文，虽然时间不长，但是对推动德中藏文化交流，传播藏文化也有所贡献，例如他用德文翻译了100多首藏文民歌等。最后，他在英国伦敦大学东方与非洲学院任高级讲师，教授藏语、汉语和蒙古语。但由于英国当局与西藏地方当局有所联系，故而英国当局不希望中国人对西藏感兴趣，于道泉曾回忆说：

当时，国内知识分子中大学毕业学藏文的很少，我是少数之一。英国人不希望中国人对西藏有太大的兴趣，所以想给我优厚待遇，把我长期留在国外，不让我发挥作用，但这样做我是绝对不会接受的。[②]

这一段话显示出于道泉坚持做一位藏文化传播使者的态度，并不因国外优厚待遇而忘记自己肩上的责任。同时，也反映出当时中国藏学人才的短缺，以及英国人企图笼络中国藏学人才，明显摆出干涉西藏事务的态度。甚至他去图书馆（印度事务部）

---

①白化文.承泽副墨[M].北京：中国书籍出版社，2016：204.
②张小平.雪域在召唤：世界屋脊见闻录[M].北京：民族出版社，1996：61.

查阅英藏敦煌藏文古籍文献，都受到管理员的百般阻挠。即使如此，于道泉也没有停止对藏学的学习研究，他通过各种办法学习研究藏文。向达曾说过："一九三六年九月至一九三七年八月，我在不列颠博物院阅读敦煌卷子。因为小翟理斯博士（Dr.Livnel Giles）的留难，一年之间，看到的汉文和回鹘文卷子，一共才五百卷左右（印度部所藏的敦煌写本藏文卷子，一九三八年于道泉曾去翻阅一遍，照了不少）。"[1]可见，于道泉一直孜孜不倦地投入藏文的学习与研究之中。同时，他也投入研究鬼学（灵智学），试图将这一领域的探索研究与藏传佛教的哲学思想认识联系起来，促进中国西藏文化的传播。

1949年，于道泉回国以后，积极投身藏文化传播事业，先是在北京大学文学院东方语系组建藏语专业，1950年筹备中央民族学院后在中央人民广播电台筹办藏语广播栏目组。经过十几年在海外进修学习和工作的历练，于道泉认识到要快速准确地传播藏文化，在依靠现代科技媒体传播技术的同时，还要有一支藏文化人才队伍，只靠个人力量是不够的。因此，于道泉把主要精力放在藏学人才的培养上，要建设一支中国的藏学人才队伍。

③培养中外文化交流人才的使者。斯琴认为于道泉教授是我国早已有名气的现代语言学家和藏语言文学家。留学回国后，主要从事边疆藏学人才培养工作。

自上齐鲁大学起，于道泉就在一个中外文化交流的环境里成长，直到1938年他到伦敦大学东方与非洲学院任教，开始肩负起培养中外文化交流人才的使命。即使当时整个欧洲处在战火之中或受到战火的创伤，于道泉仍兢兢业业、不辞辛劳地向西方学生传播历史悠久的中国古汉语语言文化，以及蒙文、藏文和梵文等中国少数民族语言文化，使西方学子了解博大精深的中国历史语言文化。如前文提过的韩礼德先生曾在于道泉授课的汉语班学会了汉语，后来到中国跟随罗常培先生和王力先生继续学习汉语，最后回国到剑桥大学跟随弗斯（Firth）先生继续攻读博士学位，最后以《〈元朝秘史〉汉语语言语篇分析》一文，获得英国剑桥大学哲学博士学位。他是现代著名的语言学家，伦敦系统-功能语言学派的创始人，也是世界语言文化交流的著名使者。

1949年回国后，于道泉的教育重心转移到培养中外文化交流的使者上来，特别是藏文化的中外交流使者。他把设置藏语专业的教育模式建立在国际舞台高度之上，要求学生在学会藏语的基础上，把学问延伸到藏族历史、宗教、文学、艺术、政治、经

---

①向达.唐代长安与西域文明[M].石家庄：河北教育出版社，2001：201.

济等领域中，他既要培养中国的学生，又要培养国外的学生，力图在中央民族学院民语系里构建一个小范围的中西文化交流圈，也就是塑造一个"置身庄岳"的国际文化交流小环境，在日常生活互动之中锻炼每一位学生，使他们健康成长，充分发挥智慧，认认真真地做中外文化交流与传播的使者。

于道泉等先辈学者还培养了如王尧、胡坦、陈践、庄晶等国内中西文化交流与传播使者，他们对中西文化交流特别是藏语言文化的交流和传播，做出了卓越的贡献。如举荐王尧参加在奥地利、匈牙利等国举办的"纪念乔玛学术研讨会"，在美国、德国、日本、挪威等国举行的"国际藏学讨论会"，在北京举行的"国际汉藏语学术研讨会"等国际性学术会议。通过国际学术会议与国外汉学、藏学专家学者交流，共同促进中西文化的进步。尤其是王尧到德国、法国和英国的访问、讲学进一步推动了中西汉学藏学文化的交流。

于道泉等先辈学者还培养了如捷克斯洛伐克共和国的高马士（Josef Kolmas）、苏联的巴弗尔诺维奇、蒙古人民共和国的久德（祖道尔）等国外中外文化交流使者，他们在国际学术舞台上也有出色的表现，为中西文化交流传播做出了重大的贡献。如捷克著名汉学家、藏学家、翻译家和目录学家高马士，1956—1959年到中央民族学院师随于道泉学习藏语文，主要从事藏族史和目录学研究。1959年毕业回国。1960年参加编写《捷汉词典》，1966年发表《白居易给吐蕃当局的四封信》；同年，被聘到澳大利亚民族大学汉语教研室任教。1971年至1973年，在捷克东方研究所被任命为东亚部负责人。1979年至1990年，在捷克东方研究所，做科学情报中心翻译工作。1975年至1990年，在布拉格担任国立外语学校藏语教员。1994年之后，担任捷克科学院东方研究所所长，并多次出席国际藏学会议。发表了《德格世系》《布拉格收藏的德格版藏文书目》等。

以上的梳理研究让我们看到无论是担任中西新文化交流与传播的使者，还是藏族文化交流与传播的使者，于道泉都能奉献自己的一份力量。历经诸多事件之后，于道泉意识到个人力量的不足，要加强中外文化交流与传播需要更多人才的加入。于是，他又肩负起培养年青一代文化交流使者的使命。

第二节　佛学研究

在中国现代藏学的研究中，佛学研究是藏族历史文化研究的重中之重。可以说没有佛学研究，谈中国藏学研究是不完整的。故而，佛学研究曾经是于道泉学术研究的重要方向之一，也是他最有兴趣探讨的领域，并且他在汉文、藏文、梵文、蒙古文、满文等民族语言文字的佛教文献研究中取得了很大的成就。在此，我们从纵向和横向梳理于道泉对佛教的学习和研究概况，找出他从对佛教信徒般狂热地崇拜到对佛教质疑，最终放弃对佛教深入研究的原因。

一、纵向研究

"历时"研究是纵向的、动态的，关注在时间上彼此所代替的各项连续要素之间的关系，主要研究要素的变化现象。此处用"历时"发展的顺序对于道泉从事佛学的研究进行纵向梳理与剖析，目的是指出于先生成长历程与佛学的机缘和自己的人生奋斗成果，绝非一日之功，也并非一帆风顺，而是历经磨难，才终成正果。

（一）济南学习

早年，于道泉对佛学的兴趣应是受到其父亲于明信对宗教研究的影响。后来于道泉又在国外基督教差会主办的齐鲁大学上学。齐鲁大地是佛教影响最深的地方之一，是佛教传入日本的桥头堡。所以中国佛教就成了于道泉的首选。因为齐鲁大学是基督教差会联合主办的高等学校，宗教学是必修课，且每周都举行宗教活动。

（二）北京学习和研究

于道泉追随泰戈尔先生来到北京，不仅是因为对诗人泰戈尔的诗学才华和高尚人格的崇拜，还因为对印度古文化和佛教之神秘产生了浓厚的兴趣，所以他想一心一意跟随泰戈尔到印度国际大学学习梵文、印度古文化和研究佛经。于道泉曾在《第六代达赖喇嘛仓央嘉措情歌》（译者序）中说他跑到北京来学习梵文，抱着满怀热望一心要读"梵天文字"的佛经。[①]为了这个佛缘之梦想而放弃了官费赴美留学。然而，20世纪二三十年代，混乱的中国内有军阀割据，互相攻伐，民不聊生；外有帝国主义列强虎视眈眈，北洋政府无力来管理泰戈尔提出的关于中印之间人才交流培养等事宜。于道泉无法到印度国际大学学梵文和佛经，转而在北京大学，经泰戈尔引荐到钢和泰男爵门下学梵文、藏文，研究佛经，协助钢和泰男爵作佛经古文献编目及研究，并且接替江绍原先生担任钢和泰男爵授课的课堂翻译。

在钢和泰男爵的培养和指导下，于道泉继续学习梵文、藏文和蒙古文，研究佛经。对藏传佛教文献的研究促使于道泉的梵文、藏文和蒙文提高很快。此时，于道泉

---

①王尧.平凡而伟大的学者：于道泉[M].石家庄：河北教育出版社，2001：19.

想要到一个藏语良好的佛教活动环境里，体验神秘佛理，理解深奥教义，于是他搬到雍和宫与蒙藏僧人学者交朋友，同吃同住生活在一起。就在这样的环境里孕育了《第六代达赖喇嘛仓央嘉措情歌》。他不但研习梵文和藏文，而且还兼修了蒙文和满文，使他能阅读多种民族语言版本的佛教文本，引起了学术界人士的关注。

后来，经袁同礼先生推荐，北海图书馆（北京图书馆）聘任于道泉为图书馆编目研究员，从事满、蒙、藏文书的采访和编目工作，负责征集藏、蒙、满等民族文字图书。他认真地工作，刻苦地学习，取得了显著的成绩，得到学界的认可，尤其是得到精通梵文藏语又热衷于佛教研究的陈寅恪的赏识，并对他寄予厚望。陈寅恪把他推荐给时任中央研究院历史语言考古研究所所长傅斯年，担任历史组助理研究员，同时兼顾北平图书馆工作。一个良好的工作环境常常会造就一个人的辉煌，于道泉就是在这样的环境中成长起来的，他先后发表了《达赖喇嘛于根敦珠巴以前之转生》《乾隆御译衍教经》《译注明成祖遣使召宗喀巴纪事及宗喀巴复成祖书》等研究成果。

随着研究工作的深入和知识的积累，于道泉越来越想编纂一本辅助工具书——《梵藏汉佛学词典》，以帮助自己和更多的人阅读理解佛经之教义。并怀着美好的希望几次写好《词典》编纂计划书，递交给中央研究院历史语言研究所领导，但都被否决了。这个计划屡次被否决，不但使于道泉对从事研究工作产生倦怠，而且还影响到他与傅斯年所长之间的感情。

（三）欧洲学习和研究

化解矛盾的有效办法就是分开。分开一面让于道泉走出思想情绪的低谷，一面也可以开阔他的学术视野。经中央研究院历史语言研究所傅斯年所长举荐，1934年4月，于道泉以国立中央研究院历史语言研究所历史组助理研究员身份，赴法国巴黎大学官费留学，师从著名汉学家藏学家雅克·巴科教授，主要修梵文和藏文，兼修法语、土耳其语、回文。据说他每周在巴黎大学东方学院上七个钟点的土耳其文，还在印度文化学院学一个钟点的梵文，又听波尔兹鲁斯基讲一班梵藏汉文的《大乘庄严宝王经》。他感到回文范围太大，所以只求略知一二，有趣的是在高级研究院听藏文教授巴考用藏文本讲西藏高僧玛尔巴传一小时。可见，于道泉在巴黎的学习不管是梵文、藏文还是土耳其文都是为了进一步研究佛经，甚至还要"略知回文"以便读伊斯兰教文献，对佛教与伊斯兰教进行比较研究。

1935年8月15日，他又只身赶到德国学德文和藏文。在那里他不但学会了德文，而且可以继续研究德藏藏文、梵文文献和学习藏文文法。他曾担任过印度独立后的四个外交官之一的凯斯卡尔（Keskar）的德语翻译，期间，还将约100首西藏民歌译成德文。最可贵的是能够见到德国挚友——西门·华德先生，1938年西门·华德推荐他到伦敦大学东方学院担任高级讲师，教授藏语、蒙古语、汉语等。这一任教就是10多年，这期间他除了做好藏语、蒙语、汉语的教学工作之外，继续研究梵文。萧乾曾经回忆说："1940年的大轰炸前，学院迁回伦敦。我们仍旧不时地在学院里见面。那时，英国适龄青年都应征入伍了，学中文的更是寥若晨星。每次我去学院图书馆，都看见道泉兄在埋头钻研梵文。"[①]并积极投入心灵学（灵智学或超级心理学）研究领域，这一学科与佛教哲学研究有一定的联系。正如，于道泉所说"……在佛教哲学中去寻求'生命之谜'……"[②]

（四）回国从事藏学工作

1945年抗日战争结束后，于道泉也亟待回国与家人团聚，加入到祖国的建设队伍中来。1946年，于道泉就接到北京大学的聘书，胡适之函曰："道泉先生：北京大学复员，渐已就绪，并定于十月十日开学。文学院添设东方语文系，前承锡予、觉明二先生代为接洽，请先生担任蒙藏文教授，已蒙惠允，深为感荷……"。另外，在金先生的信中也谈道："……先生接受北京大学聘约，闻之极为欣慰。弟前去函罗莘田（常培）先生时，曾提及先生在英，'楚才晋用'深可惋叹。今回国有日，深盼能在英先相悟，然后送先生登舟也！"[③]可是，国内解放战争之硝烟又起，无情地阻止了于道泉回国的步伐。直到1949年春，于道泉才返回久别的祖国，与久离的家人团聚，参加祖国建设。与时任北京大学东方语文系主任的季羡林先生协商，在拟定的东方语文系中组建藏语专业，季先生请于道泉担任藏语专业组组长，亦请王森、韩镜清、金鹏等几位同事，协助工作，当年就招生。可以这样说，要讲中华民族文化，就离不开讲藏族文化；要讲藏族文化，就离不开佛教文化。如果要研究藏族文化和藏族史而不关注佛教文化和佛教史，就不会取得圆满的结果。如于道泉编纂《藏汉对照拉萨口语词典》时，十分强调对佛教词汇的收集、整理和译注，其中在词类标注中，专门有一项标注是〈宗〉，意思是宗教用语，标注收录这类的词条目，目的是让使用者使用方便，

---

①萧乾.默默的奉献者：庆于道泉兄九十寿辰[M]//《藏学研究论丛》编委会.藏学研究论丛：第四辑.拉萨：西藏人民出版社，1992：7.

②王尧.平凡而伟大的学者：于道泉[M].石家庄：河北教育出版社，2001：19.

③王尧.平凡而伟大的学者：于道泉[M].河北教育出版社，2001：344.

一查便知，很符合双语词典编纂中的用户友好原则，如ᠨᡤᠠ ngaenvsongf〈宗〉恶趣，恶途，恶道 ᠨᡤᠠ ngacfrih〈宗〉五明，五明处；ᠨᡤᠠ ngah〈宗〉念咒，咒语，密咒；ᠰᡝᡤ tegfqungf〈宗〉小乘；ᠰᡝᡤ tegfqenf〈宗〉大乘。可以断定这部词典不仅是拉萨口语词汇的集大成者，而且是于道泉对佛学研究的积淀和集成。

二、横向研究

"共时"研究是静态的、横向的，关注本研究系统中各项共存要素之间的关系，研究要素及其相互关系之间的价值。此处主要对于道泉的专著、论文及其教学成果进行横向梳理剖析，以论证于道泉对佛教研究之贡献。

（一）整理梵文、藏文、蒙文、满文古籍

于道泉在北海图书馆负责藏、蒙、满文古籍文献的整理工作是有意义的、有价值的。这些古籍多是元、明、清三朝遗留之物，多数文献与佛教文化有关联，这为于道泉做好进一步的佛学研究打下了坚实的基础。后来，他又进中央研究院历史语言研究所担任助理研究员，在陈寅恪和傅斯年的领导和指导下，对佛学研究渐入佳境。

（1）对佛学词汇的研究，从不同语种翻译文本的词汇，进行对勘考证。我们从于道泉发表的论文中可以发现。如《乾隆御译衍教经》是藏文原文与满文和汉文三种文字对照，总共校勘七十三句，指出多数译文文本与原文本意义不符者甚多，正如其言之："汉译多删节，满译多增饰，汉译多颠倒，满译多变换。"笔者从《满汉译文校勘记》一文中可以看到译文与原文及其译文之间的出入，如注21，藏 /bskal pa bye ba du mar bdag/（2b-3）；满 [bodome akoenarakoe] jirun ghlab I jalan de (2b-5)；汉 [无量]阿僧只（原本作"为闻菩提故"），《满汉译文校勘记》中藏文bskal pa 满文作ghalab，乃模拟梵文kalpa（劫）一字之音者，汉文未译此字。藏文bye ba 及满文jirun俱意为"千万"，旧译作"京"。"阿僧只"藏文grangs med，佛经中译作"无央数"。乃较"京"大几千万倍之数。此处以"阿僧只"译bye ba 颇不恰当。藏文du ma意为"好几个"。满文bolome akoenarakoe 意为"不可计"。注22，藏：/sdug bsngal sna tshogs myong gyur cing/（2b-4）；满：[bolgo mujilen i] xacingga jobolon be bi dosombufi（2b-7）；汉：备受种种苦（原本作"无量阿僧只"），《满汉译文校勘记》中满文bolgo mujilen i 意为"以清净心"[①]。从这些可以看出于道泉对研究佛经之严谨。

---

①于道泉.乾隆御译衍教经[J].国立北平图书馆馆刊，1931.

（2）对喇嘛生平及著述的研究。我们从《第六代喇嘛仓央嘉措情歌》及其注释中可看出，于道泉很注重历代喇嘛资料的收集、整理与研究。当在工作中存在疑惑时，特别注重理据的分析和考证。事实上，研究一个喇嘛及其著述就是对一个时期佛学的研究。再看《达赖喇嘛于根敦珠巴以前之转生》及其注释，于道泉从不同地区、不同语言文本、不同作者所编写的关于喇嘛的文献书籍进行横向比较研究，找出存在的问题，继而又从藏文、梵文原文进行源头求证。如注15. ཚུ་ཆེར་བཟང་བཙུན་པ 宝贤童子（亦可译作善财童子，梵 Manibhadra）等。

（二）藏语文教学研究

于道泉从事藏语文教学研究的过程中涉猎佛学方面的研究，我们分国内和国外两方面阐述。

（1）国外情况。于道泉在伦敦大学东方学院担任高级讲师，教授藏语、蒙古语、汉语等东方语言文字为主。于道泉在教授藏语时，就会教藏族文化；教藏族文化，就必讲藏传佛教。时值20世纪三四十年代，世界风靡灵异学或说心灵学，也就是一种超心理学，它与佛教哲学有一定的联系，二者都涉及解"生命之谜"。所以，这期间于道泉"主要钻研心灵学"。

（2）国内情况。于道泉回国后，在北京大学组建藏语专业并且在中央民族学院藏语系教授藏语言文化。作为一位语言大师，于道泉深知掌握一门民族语言对研究该民族文化的重要性，所以他曾对学生说"……不管你们今后进行这个民族哪方面的研究，学好该民族语言是个基础，首先必须集中精力解决好这个问题。掌握了该民族的语言后，你可拓展开去，研究其他方面，如社会历史、文化艺术、政治宗教等等"[①]。车谦曾记载："住在贡嘎寺学习期间，还请了藏族著名学者，该寺的贡嘎活佛给我们讲授他本人的著作，书名叫'佛赞'……"[②]。

可以看出，无论在国外还是在国内从事藏语教学，于道泉都离不开对佛教的研究，并且善于把其他相关学科的研究与佛教研究联系起来。

（三）从事《藏汉对照拉萨口语词典》编纂

在中央研究院历史语言研究所任助理研究员时，想要编纂一本藏梵汉佛教词典成

---

①车谦.老师与楷模[M]//《藏学研究论丛》编委会.藏学研究论丛：第四辑.拉萨：西藏人民出版社，1992：34.

②车谦.老师与楷模[M]//《藏学研究论丛》编委会.藏学研究论丛：第四辑.拉萨：西藏人民出版社，1992：33.

为于道泉的夙愿，并在收集整理藏文、蒙文和满文等古籍文献的工作中，遇到许多陌生的佛教词汇。于道泉从自己日常工作角度来看，认为编纂藏梵汉佛学词典迫在眉睫。于是，向中央研究院历史语言研究所时任所长傅斯年递交一份佛学词典编纂计划书："藏梵汉文佛教词典之编纂：此书拟以榊亮三郎之《梵藏汉和四译对校翻译名义大集》做蓝本，再参考他书，加以订正并略为增补……"①。但得不到中央研究院历史语言研究所领导傅斯年和陈寅恪教授的同意和支持，便被搁浅下来了。新中国成立后，于道泉担任北京大学东方语文系藏语专业组组长和中央民族学院教授。他根据社会发展的实际需求和工作的需要，开始着手编纂《藏汉对照拉萨口语词典》并于1954年9月开始内部印行。最初为油印版，所收词目一万一千余条，以拉萨口语读音顺序来排列。藏汉词汇对照，取名为《藏汉拉萨口语词汇》。1957年6月，第二版油印，所收词目一万二千多条，以藏文字母顺序排列。藏汉词汇对照，定名《藏汉口语词汇》（拉萨方言）。1960年2月，第三版油印，所收词目一万五千余条，以拉萨口语读音（与藏文字母顺序相结合）排列。藏汉词汇对照，更名《藏汉口语词典》，"文革"期间，词典编纂工作停止。直到1978年6月，才恢复停顿了许多年的词典编纂工作。以油印版中选出的约一万基本词条，参考收录国内外有关词书、资料，增补至二万九千余条，于1983年由民族出版社正式出版，名为《藏汉对照拉萨口语词典》。我们仅仅从词类标注中就发现有〈汉〉汉语借词、〈蒙〉蒙语借词、〈满〉满语借词、〈梵〉梵文借词、〈宗〉宗教用语等。虽说是一部《藏汉对照拉萨口语词典》，但从词条目的标注来看却是一部藏汉梵蒙满词典，其中还单列出宗教词目，但很多收录的佛教的词目却没有列出，如 གར་མ gaaf mafba 也作 ཀརྨ 嘎玛派、དཀོན་མཆོག་གསུམ goenfjoh sumf 三宝（即佛、法、僧，为佛教之三宝）。诸如此类佛教词汇收集很多。这部词典的部分属于佛教词典，是于道泉长期对佛教文献研究及调查的成果。

三、移离佛学的原因

一个人最初热衷并想为之而奋斗一生的目标，途中却又舍弃，必然有多方面因素。于道泉移离佛学的原因是有自我内在的因素，也有来自外部的因素。可从以下三方面来了解。

（一）学术研究视野开阔的影响

于道泉由泰戈尔推介向钢和泰男爵学习梵文、藏文和佛教以前，就习过佛（佛

---

①王尧.平凡而伟大的学者：于道泉[M].石家庄：河北教育出版社，2001：320.

教）耶（基督教）道（道教）回（伊斯兰教）等宗教，伴随着不断学习和知识的积累，于道泉的学术视野开阔，逐渐对佛教的信仰产生了"怀疑态度"。于道泉曾经说："在钢先生很尽心地教我梵文的时候，我向来对佛教所抱的信仰大部分都被他用'比较宗教学'的武器打得粉碎。"[①]此处所指的比较宗教学（comparative study of religion）是近代宗教研究的产物，就是将各种宗教的教主、教理、教义、教史等，进行比较性的研究和客观性的介绍。它从历史的事实中探索真理，又从彼此之间的异同中寻找问题，再以心理的科学分析来解答问题。由于于道泉所上的大学是由基督教会主办，所以自然地将两者联系起来进行比较，或者是将不同版本、不同语言的佛经进行比较，如《乾隆御译衍教经》就是藏文原文及满、汉译文三体对照，进行校勘。目的是寻找其异同性，发现其中的问题所在，找回原来的实际本体。

（二）学术研究重心转移的影响

由于做学术研究的视野开阔了，于道泉的学术研究重心也随之转移，正如他自己所言，在对佛教史和语言学等几门学问有了积极的兴趣以后，又由于种种原因，决定先不学梵文而专致力于西藏文了。[②]由此可见，随着学习与研究的不断深入，以及出现新的因素，他创建新的目标。就像他在收集整理梵文、藏文、蒙文和满文古籍文献目录一样，在工作实践中发现如果有一部梵藏满蒙对照佛教词典，会对他的工作起到事半功倍的作用。由此萌发要编纂一部新的佛教词典，并为之而整理了一万多条词目。他出国的目的地是巴黎大学，并在那里学习梵文、藏文、土耳其文、法文和回文等；后来由于有新的发现或者新的需要，他又去德国学习德文；虽然在伦敦大学东方与非洲学院主要教授藏语、蒙古语、汉语等，但是他却经常去学院图书馆，埋头钻研梵文，研究鬼学。中晚年则转向注重科技创新发明。柳升祺曾回忆："记得一次他（于道泉）带了两本关于康区藏族的法文书来看我，我非常感激，我说等我赶紧看完了就送还给他。他告诉我，这两本书是他送给我的，他的研究已不在这方面，而转向翻译机械化这个题目，对此他似乎有极其浓厚的兴趣。"[③]金克木回忆，几年前，他在中国藏学研究中心成立会上见到于道泉。那时，于道泉先生已是需要两个人架着才能走路了。一见面，于先生并不提藏学和佛学，而急于把于先生的发明创造和新设想告诉

①王尧.平凡而伟大的学者：于道泉[M].石家庄：河北教育出版社，2001：19.
②王尧.平凡而伟大的学者：于道泉[M].石家庄：河北教育出版社，2001：19.
③柳升祺.寄给于老的一篇短文[M]//《藏学研究论丛》编委会.藏学研究论丛：第四辑.拉萨：西藏人民出版社，1992：20.

我……从编写各种字典到发明机器翻译……①可见，随着学术研究重心的转移，于道泉的佛教研究也随之转移。

（三）社会运动的影响

社会运动对学术研究起到引导作用，而学术研究对社会运动起到指引的理论支持作用。于道泉生活在社会动荡的时代，首先，他出生在清王朝衰落的末期，在遭列强瓜分的祖国度过幼年时期，又在军阀混战年代成长为青年，铸就了他的倔强人格和思想，他失去上印度国际大学攻读梵文、藏文和研究佛经的机会，转而在国内学梵文、藏文和研究佛教，且有国际顶级学者之称的钢和泰男爵亲自教授他。高人指点加上自己的努力，使于道泉进步很快，已初步显露其学术才华。其次，在欧洲学习工作期间经历了第二次世界大战的洗礼，致其所学、所教、所研等皆非一致，所学梵文、藏文、蒙文、土耳其文、德文和佛教，所教却是藏文、蒙文和汉文；因为人们受战争的创伤，急需健康的心理指导，因此当时他钻研的对象是心理学。最后，归国后面临藏区解放和建设的社会运动，积极配合党中央和毛主席的指示，开设藏区人才培养班，培养藏区工作干部，组建中国人民广播电台藏语广播栏目并进行藏汉翻译，传播汉藏一体文化，构建藏区社会主义建设新蓝图。

以上理清了于道泉对佛教文化研究的脉络，于道泉对佛教文化的研究是传承钢和泰男爵的学术路线，采用比较宗教法，从不同的视角进行比较研究佛教文化。从侧面说明了比较宗教法是现当代从事宗教研究的好方法之一。

---

①金克木.奇人不奇：记于道泉教授[M]//《藏学研究论丛》编委会.藏学研究论丛：第四辑.拉萨：西藏人民出版社，1992：8.

第八章
语言学及翻译研究

于道泉对语言学的研究伴随他治学的一生。由于语言学涵盖面宽，而于道泉在语言学领域所做出的贡献巨大，涉及面广，所以我们将本章分为两个部分展开研究：一是语言学研究；二是翻译研究。

第一节　语言学研究

语言学，简言之语言科学，是从事语言研究的一门科学。本节我们所阐述的是于道泉运用现代科学理论和方法来研究语言的科学。

一、语言学研究分期评述

于道泉对语言的兴趣源于他的青少年时代。清末民初，山东省有大量的西方传教士涌入，他们在齐鲁大地建教堂、开学校、办医院。这些西方人士的到来，也带来了西方的各种语言文化，并使这些语言文化汇聚于齐鲁大地，与中国文化混融在一起。于道泉在这样的语言文化环境里成长，他掌握多门语言文化当然具有一定的必然性。我们对于道泉的语言学研究划分为启蒙期、发展期、成熟期等三个时期，分别进行阐述。

（一）启蒙期

于道泉学习语言的兴趣有多方面因素，受到其父亲的影响是主要原因之一。1913年他的父亲于明信与刘冠三、鞠思敏、王祝晨等创办私立正谊中学，并担任教员。不久，去日本早稻田大学求学。1916年硕士毕业回国，任山东省立第一师范学校校长。1913—1916年间正是于道泉上高小的时候，他的父亲于明信为了去日本留学，每天学习日语，在家里营造了一个多语言的环境，对于道泉产生了潜移默化的影响。

虽然目前没有找到有关于道泉学习日本语文化研究方面的更多信息资料，但从他关注日本学者井上圆了所著的《妖怪学》之研究来看，他对日本语言文化有所了解。1916年，热情爱国的于道泉积极响应"实业救国"的教育精神，高小毕业后考入山东省甲种工业学校学习理科知识，这些理科基础知识为他后来做语言学研究奠定了一定的理学基础。于道泉在考入齐鲁大学之前，又到济南基督教会开办的英语班提前学习了英语。因此，1920年当他进入齐鲁大学读书时，他用英语听课已经没有太大的困难。然而，他并不因此而停止学习其他语言的机会。在那时，世界语是蔡元培、鲁迅、胡愈之等人倡导并推行的一种非民族性语言，十分有用。于道泉便利用课余时间学习世界语，于道泉曾说因为世界语比英语容易学，所以他用不到两年时间，就学会了世界语，并把许地山的一些散文诗和《空山灵雨》翻译成世界语，寄给上海胡愈之先生主办的一份世界语刊物《绿光》（*Verda Lumo*），都被刊发了。[①]

后来，一位在齐鲁大学任教的英国教授，在返回英国前处理一些图书，其中有几本是学习梵文的书，于道泉看到了，兴奋异常，爱不释手。这位英国教授看到一位中国学生竟欲涉足世界上最难的文字，十分感动，就把这些书廉价卖给了于道泉。他捧着这些书，如获至宝。他从这些书中找到了一本梵文辞典。这部辞典包括上万条词汇，是当时西方出版的一本较有分量的梵文辞典。借助这本辞典，于道泉记住了四五千个梵文词汇。有了这些梵文词汇的基础，所以在担任印度诗圣泰戈尔访问济南的随行翻译员时，他不但能用流利的英语与之交流，而且还能用梵文讲解印度佛教文化在济南传播的历史。他的才华令泰戈尔感到十分惊异，得到泰戈尔的赏识。因此，泰戈尔还邀请于道泉到印度国际大学学习梵文、佛经等印度语言文化。与泰戈尔的相遇相识使于道泉的人生发生了转折：他放弃了官费赴美留学的机会，追随泰戈尔到北京一心一意要去印度国际大学学习，但由于种种原因未能前往，而留在北京大学。于道泉曾经讲过：

以后，又过了些时期，我才慢慢地对佛教史和语言学发生了兴趣。[②]

这一句话是我们目前找到的有关于道泉学习语言学所记载的最早的材料。它清楚地告诉我们，于道泉是师从钢和泰教授时才开始接受语言学的学习的，并对语言学产

---

①黄颢，吴碧云.仓央嘉措及其情歌研究（资料汇编）[M].拉萨：西藏人民出版社，1982：6.
②据国立中央研究院历史语言研究所单刊甲种之五《第六代达赖喇嘛仓央嘉措情歌》第1页。

生了兴趣，这为他后来进一步搞好语言学研究开了个好头。

（二）发展期

从目前所掌握的材料分析，于道泉进入国立中央研究院历史语言研究所担任助理研究员，是他在语言学发展阶段的起点。据记载：

> 赵（赵元任）、罗（罗常培）、李（李方桂）在史语所工作期间训练的研究人员有以下十七位：杨时逢、黄淬伯、于道泉、刘学浚、王静如、丁声树、白涤洲、吴宗济、葛毅卿、周一良、周祖谟、董同龢、张世禄、张琨、马学良、刘念和、周法高等。①

赵元任、罗常培和李方桂三位现代语言学家聚在一起，联手培养了中国新一代语言学家，他们在语言学领域研究都各有突破，贡献很大。另一方面告诉我们，于道泉真正地接受语言学理论知识学习和方法技能训练是从史语所开始的。如《历史语言所十九年度五月份工作报告》中记录："本月语音班练习记音记山东临淄音，由助理员于道泉读音。"②于道泉是语音班里最优秀的学员之一，他曾被赵元任动员参与李方桂先生团队一起赴西南作方言调查的活动。由于诸多原因，于道泉未能前行，而继续在史语所历史组陈寅恪的指导下完成《西藏文籍目录》的编目整理与研究。同时，也充分证明了于道泉致力于西藏语文的兴趣所在。或许是这个原因，赵元任也对藏语产生了兴趣，于道泉曾说："我向傅斯年申请要用历史语言研究所的名义出版这本《第六代达赖喇嘛仓央嘉措情歌》汉译文之后，赵元任先生对藏语的发音产生了兴趣，他把楚称丹增的随从、我最熟悉的藏族好友罗藏桑结（*Blo bzang sangs rgyas*）请到他家对藏语进行了多次记音。"③而赵元任也说过："……至于藏语。正好北京有个藏族人会很多藏族情歌，所以我跟于道泉一起把那些情歌记录下来。于道泉的藏语比我好，他主要翻译，而我记音。"④此处证明了于道泉和赵元任一起以藏语文为个案彼此分工合作进行语言学研究。此外，还有人曾做过记载："学习藏文，并与于道泉一同研究第六代达赖喇嘛仓央嘉措情歌（6—12月）。"⑤"1月到4月，赵元任继续与于道泉合作

---

① 李方桂，王启龙.莫话记略：水话研究[M].北京：清华大学出版社，2005：4.

② 傅斯年.傅斯年全集：第六卷[M].长沙：湖南教育出版社，2003：143.

③ 黄颢，吴碧云.仓央嘉措及其情歌压就（资料汇编）[M].拉萨：西藏人民出版社，1982：9.

④ 列文森.赵元任传[M].焦立为，译.石家庄：河北教育出版社，2010：119.

⑤ 赵新那，黄培云.赵元任年谱[M].北京：商务印书馆，1998：162.

出版《第六代达赖喇嘛仓洋嘉错情歌》，元任记音，编写藏文记音说明和藏音英文说明；于道泉注释，并加汉、英译文。"①由此可见，赵元任和于道泉已经在运用现代语音学的理论和方法对藏语文进行了语言学研究，他们合作出版的《第六代达赖喇嘛仓洋嘉错情歌》是集历史学、文学、佛学、语言学等于一体的集大成者，也是于道泉与他人合作研究完成的第一部语言学著作。尤其是在研究工作中所创制的"四段五点字母式声调符号"在国际语言学界起到了标杆的作用，后来许多学界同人在做语言调查时，多数都采用此套"符号方案"进行标音。如李方桂先生的《莫话记略》的"莫话"记音和《水话研究》中的"水话"记音等。

后来，赵元任赴美讲学，而于道泉则赴欧留学进修，他们分开了很长一段时期，直到1981年才再次相见。期间，于道泉在欧洲继续从事语言学领域的研究探索，特别是在探索藏语文法上下了功夫。如他跟随巴考教授学习研究古藏文文法、土耳其语、回语等。无论他身居国外还是国内，他在语言学方面的研究都有突出的贡献，得到国内外学界的好评。

当然，于道泉在伦敦大学东方与非洲学院任教期间，在他所教授的汉语班里就有许多热爱东方民族语言的学生，知名者有韩礼德这样世界著名的语言学家。另外，他曾与伦敦大学第一英语语音学系（the very first British phonetics department at University College London），英国著名语音学家、语音学创始人之一丹尼尔·琼斯（Daniel Jones 1881—1967）一起合作做过汉语粤方言（Cantonese Chinese）方面的语言学研究。

综上分析，这一时期，在语言学方面于道泉主要是接受国际著名语言学家赵元任、罗常培、李方桂等先生的指导，并进行严格的语言学知识与技能训练。突出的成果是与赵元任合作完成了于道泉的第一部语言学著作《第六代达赖喇嘛仓洋嘉错情歌》，以及与英国语音学家丹尼尔·琼斯合作完成粤方言的语言学研究。这也说明于道泉在语言学研究方面经历了一段长足发展期，为他的语言学发展走向成熟期做好了准备。

（三）成熟期

我们将于道泉回国后所从事的语言学研究时期划为成熟期。于道泉回到刚刚和平解放的北平城之后，在北京大学东方语文系任教授，与季羡林先生一起协商成立藏语专业组，担任组长并从事藏语教学及培训工作。至此，于道泉的语言学研究又翻开了新的一页。

---

①赵新那，黄培云.赵元任年谱[M].北京：商务印书馆，1998：168.

　　当时对少数民族地区军政干部的培养，任务重，时间紧。而在祖国西部边陲的广大藏区，对军政干部进行藏民族语言文化的训练和藏语班学生的教学，要求培养方式的革新迫在眉睫。于道泉为了解决这一难题，和老师们确定了藏语班的任务主要是学习藏语文。面对新型的任务、新的对象，就要有新的方法来适应新形势发展的需求。于是，于道泉就产生了藏语拼音符号的设计思想。

　　这套藏语拼音符号是于道泉和马学良教授一起合作创制的。由于于道泉接受过良好的语言学理论知识和实践训练，并有从事国外语言学教学的实践经验和科研经历。加之，有他的老友马教授的参与，使这套符号在中央民族学院藏语班开班的时候，就油印作为课本（试行本）使用。后来，又经过几次修改完善，尤其是1960年那一次的修改，使此套藏语拼音符号系统成功定型，并得到积极推广，如1960年10月30日于道泉说："午饭后想睡，又睡不着，约两点半又到李永年处给他送去了一本我几年前托出的speedwords的词根译成藏文拉丁代字的，叫李永年托他的同事 འཇིགས་མེད་དབང་ 翻译成藏文字母的藏文。我想用这办法推广一下藏文拉丁代字。因为 འཇིགས་མེད 是广播员，他若是会念藏文代字，在李永年以外的其他译稿人宣传代字便容易好多。"①可见，这套方案一直推广使用至今。其中，一部分在《藏汉对照拉萨口语词典》中集成。因而，我们认为这部口语词典应当是于道泉的语言学研究最终成果之一。

　　关于这套藏语拼音符号系统，周季文先生和谢后芳先生已有专文论述。②另外，在20世纪60年代末，于道泉经过长期理论思考和实验，发明了一套数码代音字，也可以说是我国较早的计算机语言文字处理系统。这套数码代音字是为了使文字数字化，通过阿拉伯数字从0到9的排列组合进行设计构成文字。它可以应用于很多种语言文字，如汉文、藏文等文字。如：1982年8月，他提交给在北京召开的第十五届国际汉藏语言学会的一篇文章——《数码字简表：数码字与罗马字对照表》（*Numerical Script for Plain Texts Numerilised Script Versus Romanised Script*）以及1982年在《民族语文》第3期上发表的论文——《藏文数码代字》。

　　总之，于道泉在这一时期的工作重心是搞好藏学人才的培养。加上，当时中国的各种政治运动很多，特别是"文化大革命"的十年浩劫，耽误了于道泉做研究的黄金时间，造成的研究损失是不可估量的。于道泉能有这几件精品之作，已是当今语言学

---

　　①依据于道泉日记手稿。

　　②周季文，谢后芳.革新与首创：纪念藏语拼音符号创制四十周年[M]//《藏学研究论丛》编委会.藏学研究论丛：第四辑.拉萨：西藏人民出版社，1992：60.

研究的宝贵财富了。

二、语言学研究实践评析

于道泉一生中学会了汉语、英语、日语、法语、世界语、梵语、藏语、蒙古语、满语、阿拉伯语、土耳其语、德语、维吾尔语、俄语等十几门语言，以亲身学习语言之经验——"置身庄岳，事半功倍"的语境情景语言学习法，影响了一代又一代的学子。虽然于道泉的语言学著作（合著）不多，但却是精品之作。在此，我们仅从他的语言学研究成果之一——《藏文数码代字》进行评析，通过"藏文数码代字"的片段分析，从微观视角探讨于道泉的语言学研究方法、策略等；从宏观角度探讨于道泉语言学研究的目的、原则等，总结于道泉语言研究与实践的特点。

（一）作品简介

藏文数码代字是于道泉对翻译机械化长期思考与语言学相结合的成果之一。然而，据于道泉所言：

> 过去曾经有人用数字拼写过藏文，除了少数人偶尔用它传递秘密消息外，在西藏文人中间，它是被拿来当作消遣的文字游戏。笔者是在曾彝进先生《数目字音标》一书的启发下，自1973年开始设计藏文数码代字方案，于1977年完成。[①]

在这一段话中，于道泉交代了这篇《藏文数码代字》的创作背景，其目的是使我们知道他为了设计这套方案，花费了整整五年的时间才得以完成。这套数码代字方案包括三大部分：检字表、转写规则和说明、藏文数码代字样品。

于道泉的这篇《藏文数码代字》从1973年开始设计到1977年完成，几经讨论、修订、再讨论、再修订完善，直到1982年才发表，整整耗时十年，那么，它到底具有什么功用呢？看编者所言：

> 于道泉经过数年的研究，拟定出一套"藏文数码代字"方案。根据这个方案，可以把藏文简捷地转换为数码形式。方案的设计反映了藏文的结构特点，对于熟悉藏文的人不难掌握。
>
> 这个方案经过讨论、修订，如能审慎使用，将会给藏文文献和资料的检索、

---

①于道泉.藏文数码代字[J].民族语文，1982（3）：1.

电讯及计算机应用等实用技术带来便利。这是在技术上为促进语文现代化而进行的很有意义的尝试。本刊将于先生的初步方案发表，以供有关部门和读者研究参考。[①]

以上资料说明于道泉针对藏语初学者面对藏文结构复杂、难以掌握的情况，根据藏文的结构特点把藏文转换为数码形式，让人很容易掌握使用此方案，通过此套方案能使藏文和数码互相转写。其功用是给藏文文献和资料的检索、电讯及计算机应用等新实用技术带来便利，有意义的是他尝试在技术上促进语文现代化，开辟了语文研究与发展的新路径。

（二）作品内容及评析

（1）检字表。主要讲的是藏文辅音字母用数码的对应排列（见表1）。

表1 藏文辅音字母数码对应表

	1	2	3	4		5	6	7	8
1	ཀ 11	ཁ 12	ག 13	ང 14		ཅ 15	ཆ 16	ཇ 17	ཉ 18
2	ཙ 21	ཚ 22	ཛ 23	ཝ 24		ཞ 25	ཟ 26	འ 27	ཡ 28
3	ར 31	ལ 32	ཤ 33	ས 34		ཧ 35	ཨ 36	ཀ 37	ཁ 38
4	པ 41	ཕ 42	བ 43	མ 44		ཙ 45	ཚ 46	ཛ 47	ཝ 48
5	ཅ 51	ཆ 52	ཇ 53	ཉ 54		ཀ 55	ཁ 56	ག 57	ང 58
6	ཞ 66	ཟ 67	འ 68	ཡ 69					
7	ར 71	ལ 72	ཤ 73	ས 74				ཧ 77	ཨ 78
8	ད 81	ན 82							

①于道泉.藏文数码代字[J].民族语文，1982（3）：1.

表 1 中一共 52 个常见藏文辅音字母，包括 30 个单字辅音字母（藏文字母对应数码字）和 22 个复辅音字母（8 个 ཝ 下加数码字，14 个 ར 下加数码字）。这 52 个藏文字母作为常用字母，依照数码顺序从纵行和横行排列，在检字表中作为检字出现，没有匹配的作空缺处理。另外，其他的下加字、上加字、前加字和后加字等，于道泉则将其与元音字母一起在转写规则和说明中分列讨论。

（2）转写规则和说明。在《转写规则和说明》中，总共有 16 条介绍元音符号和其他的下加字、上加字、前加字、后加字等辅音符号，如下：

第 1 条　藏文中 30 个字母的单体字 རྐྱང་པ 和只有下加字 ཝ 和 ར 的重叠字 བརྩེགས་པ 的数码可以从检字表直接检出。但是这些字的上边或下边若是没有 ི(i) ུ(u) ེ(e) ོ(o) 等元音符号时，须在查出的数码左边再加一个"1"字。如：ཀ 在检字表里边的数码是 11，须写作"111"。依此类推。ཁ/121，ག/131，ང/141，ཅ/151，ཆ/161，ཇ/171，ཉ/181，ཏ/211……

第 2 条　有元音符号 ི (i)、ུ(u)、ེ(e)、ོ(o) 等的字，从检字表查出数码以后，在数码的右边直接写上代表元音的数码即可。代表元音的数码是：(a)/1、ི(i)/3、ུ(u)/5、ེ(e)/7、ོ(o)/9。如：

ཀ/131　ཀི/133　ཀུ /135　ཀེ/137　ཀོ/139

ཚ/221　ཚི/223　ཚུ/225　ཚེ/227　ཚོ/229

…………

第 3 条　藏文下加字一共有四个。即 ཡ་ར 和 ལ་ཝ 带 ཝ 和 ར 下加字的出现的频率非常高。因此，把这些字放在检字表内，使它们和出现频率很高的三十个字母并列。代表它们的数码和代表 ཀཝར 等单字体（རྐྱང་པ）的数码一样，只有两位。只是有 ལ་ཝ 的字是一些比较少见的字，用三位数码代表，即是在两位数码的中间加一个"9"字。如：

ཀ/111　ཀ/1911　ཀ/131　ཀ/1931

ཉ/241　ཉ/2941　ང/331　ང/3931

ཅ/571　ཅ/5971　ཆ/261　ཆ/2961

…………

第 4 条　后加字的字。有后加字的字，把代表后加字的数码写在代表元音的数码的右边。藏文的后加字一共有十个，即 ག་ང་ད་ན་བ་མ་འ་ར་ལ་ས 其中 ག་ད་བ་མ་འ 五个字还可以做前加字，ར་ལ་ས 三个字还可以做上加字。这八个字母不管它们是用前加字、上加字还是后加字，都用同一个数码表示。即 ག/1 ད/2 བ/3 མ/4 འ/5 ར/6 ལ/7 ས/8。ང 用 9 表示，代表 ན 字的数码在第 8 条另有说明。如：

ད/121　ལྡ/1211　ལྡ/1212　ལྡ/1213　ལྡ/1214

ག/131　གད/1316　གལ/1317　ང/141　ངད/1418

ངང/1419　ཉ/133　ཉལ/1338　གུ/135　གུལ/1358

གུང/1359　ཉལ/1398　འ/611　ཉ/613　ད/6139

ད/331　དག/3311

第 5 条　这 ག་ད་ན་བ་མ་འ་ར་ལ་ས 十个后加字中，ག་ད་བ་མ 四个字后边还可以加一个"再后加字"
（ཡང་འཇུག）ས 。ན་ར་ལ 三个字后边，在古文献中有时候出现一个在后加字 ད。这两个再后加
字如何用数码表示出来呢？在第 2 条里，用 1、3、5、7、9 五个"奇数"数码表示五个
元音。现在再规定用 2、4、6、8 四个"偶数"数码也代表 a、i、u、e 四个元音，即 a/2、
i/4、u/6、e/8，并规定不带再后加字的 ག་ན་བ་མ་ར་ས，用奇数代表元音的数码；带再后加
字 ས 和 ད 的字用偶数或是 811 代表元音的数码。如：

ན/721　ནག/7211　ནགས/7221　ཆ/521　ཆག/5211　ཆགས/5221　ཆེ/523　ཆེག/5234　ཆེས/5224

གུ/725　ལུག/7251　ལུགས/7261　ཕ/321　ཕག/3271　ཕེག/3281　ཕ/3213　ཕབ/3223

གམ/1214　གམས/1224

第 6 条　有再后加字时元音 ོ（o）不用数码 10 表示，而用 811 表示。因为"o"这
个数码要用作连接音节的符号，而且在转写梵文借词时还有特殊的用途。如：

ཚོང/1299　ཚོངས/128119　ཆོག/3291　ཆོགས/328111　ཉོག/2493　ཉོབས/248113　ནོག/7493

ཆོབས/748113　ཚོས/1494　ཚོམས/148114

第 7 条　后加字。上边再加元音符号 ི（i）的字是藏文中最常见的字。为了书写方
便，我们把代表 ི（i）的数码省去，而用"偶数"转写这个字的主要元音。如：

ན/741　ནལ/7425　གུ/225　གུལ/2265　ཐ/129　ཐལ/128115　ང/141　ངལ/1425

ར/337　རལ/3385　གུལ/4485　ཉ/443　ཉལ/4445　ནལན/7490748115

第 8 条　第 4 条中没有数码表示后加字 ས，现规定后加字 ས 与 ད 都是在最右边（数
学数字的个位）加 2 表示；如果后加字是 ད，那么左边那一位（数学数字的十位）代
表元音的数码用奇数表示；若后加字是 ས，那么左边代表元音的数码用偶数或 811 表
示。如：

ག/131　གད/1312　གས/1322　ཆ/221　ཆད/2212　ཆས/2222　ཉ/241　ཉ/243　ཉད
/2432　ཉས/2442　ཡ/641　ཉ/643　ཡད/6432　ཉས/6442　ཡས/6492

ཡིན/648112

第 9 条　带再后加字的 ད 的表示法与后加字 ས 相同，都用数码 8。若是这个字是后加字 ས，那么十位代表元音的数码用奇数；若这个字是带有再后加字 ད 的 ན，那么十位代表元音的数码用偶数或 811。如：

ཆོས/3298　ཆོནད/328118　ཅུས/2258　ཅུནད/2268　བྱིས/2638　བྱིནད/2648

ཞེས/5678　ཞེནད/5688　པས/4218　རྫུས/3798　རྫུནད/378118　ཕུས/4228　འིས/6178

འིནད/6188

第 10 条　第 4 条里已规定 1、2、3、4、5 这五个数码在个位时分别代表 ག ད བ ས ན 五个字母。这五个字母既可以是后加字也可以是前加字，作前加字时写在代表"主体字"数码的右边。如：

ན/131　ནད/1312　བནད/13312　ནར /1319　དནར/13219　ནབ/1313　དནབ/13213

ནུ/135　ནུག/1351　དནུག/13251　ནུར/1359　དནུར/13259　ནུབ/1362　དནུབ/13262

第 11 条　在第 4 条里规定 6、7、8 分别代表 ར ལ ས 三个字母。这三个字母既可以后加字，也可以作上加字，作上加字时在代表"主体字"的数码的右边。如：

ནར/1319　རན་/13619　ལན་/13719　སན་/13819　ནབ/1322　རན་/13622　ནུར/1352

རུན་/13652　ནུབ/1362　རུན/13662　ནར/1356　རར/13656　ནར/1376　རར/13876

ནར/1396　སར/13896

第 12 条　我们用 9 表示 ཡ ར ལ ཝ 中的下加字 ལ，并规定把这个数码写在代表 ཀ ག ཕ བ ར ས 的数码的右边。如：

ཀད/1112　ཀླ/11912　ཀོག/1191　ཀླ/11991　ཀོ/1199　ཀླ/11999　ནར/1319

ནལར/13919　ནད/1339　ནལད/13939　གུར/1352　གླར/13952　ཤོག/1381　ཤློག/13981

ཤོག/1391　ཤླ/13991　ཟར/6216　ཟླར/62916　ཟབ/6218　ཟླ/62918　ཟག/6251

ཟླ/62951　ཟུས/6254　ཟླས/62954　ཟག/6291　ཟླ/62991　པ/4311　པླ/43911

པབ/4321　པླ/43921　པག/4329　པླ/43929　པས/4351　པླ/43951　ར/7111

རག/71911　རང/7119　རླ/71919　རད/7149　རླ/71949　རང/7159　རླ/71959

ལ/7419　ལ/74919　ལར/7499　ལ/74999

第 13 条　有一些字既有上加字 ར ལ ས 或下加字 ལ，又有前加字 བ。我们把代表后加字 ས 的数码 3 在代表上加字 ར ལ ས 和下加字 ལ 的数码的右边。如：

ཀས/11698　བཀས/116398　ཀྱར/15619　བཀྱར/156319　ཤྱར/15856　བཤྱར/158356　ཀྱར/31716

བཟང་/317316 བངངས་/336323 བཟླས་/337323 གྲུག/11911 འགྲུག/119311 སྒྲ/62918 བསྒྲས/629318

བསྒྲལ/629351 བསྒྲས/629354 བསྒྲབས/629364 སྒྲེང/71919 འསྒྲེང/719319 འསྒྲེངས/719329

བསྒྲེངས/719349 སྒྲེ/74913 བསྒྲེབ/749313 བསྒྲེབས/749323

第 14 条 有前加字、上加字或下加字 ◌ྭ，而没有后加字的字，必须在代表元音的数码的右边添加一个 5 字，使这样的字至少有五位。如：

ངྭ/57215 འཀ/17335 མཀ/13495 འཀར/13595 ཕྲ/13695 ཕྲ/13795 བྲ/13895 ཁྱ/21135
དྭ/14295 བྲ/21355 སྲ/22355 བསྲ/22455 ལྭ/23535 ཉ/23675 གྱ/14715 སྒྱ/14815
གྲ/11915 སྒྲ/11955 ཕྲ/13995 ཕྲ/43995 སྒྲ/62915 བསྒྲ/719315 སྒྲ/74915

第 15 条 大多数情况下，在两个间隔符号（ཚེག）之间只有一个元音（上文 7 条里两个元音实际上读作一个元音）。此外藏文中在间隔符号之间还有有两个元音的情况，它们的元音是用一个 ◌འ 字连接起来。这两个元音在读的时候不变成一个元音。这样的字在数码转写时不用 5 代表 ◌འ，改用 63。在代表元音的奇数数码和 63 之间还要加一个 0 字。如：

སེའུ/2730635 ཉེའུ/4430635 ཆེའུ/6170635 ཆེའོ/6170639 ཟེའོ/2710639 ཞེའུས/61706314
ལའང་/72106319 ཡིན་ནའང་/6442034106319

有前加字的字或上加字的字，0 字左边的数码必须是 5，0 字右边的数必须是 63。如：

དགའུ/132750639 ཉིའུ/458750635 ཆིའུ/316750635 མཁའུ/524750635

第 16 条 一个字母下边有 ◌འཱུ 的字，若是不带元音符号，在代表辅音的数码的右边加"020"。如：ཀྲཱ /11020723 གཏྲཱ/131901302011959。若有元音符号，则用偶数代表元音，再在前后加一个"0"字。如：ཀ྄ཙ྄ཻ/11101302034040721。

字母下边有 ◌འཱུ 的字，多半是藏文中的梵语借词。字下边加 ◌འཱུ 是用藏文字母表示梵语长音的一种很有意思的方式。用藏文字母、拉丁字母和数码代字转写梵文的方式和规则，于道泉另有文章介绍。[①]

以上在《转写规则和说明》中的 16 条很清楚地用数码 0、1、2、3、4、5、6、7、8、9 按藏文拼写顺序的规则进行排列组合，固定其所指代字母，创制此套方案，使复杂的藏文就能用 0-9 的数码简捷地进行转写，达到藏文数控化的实用目的，为实现藏语文现代化奠定了基础。同时，于道泉还用他所创制的这套方案，翻译了《愚公移山》作为样品案例。

---

①于道泉. 藏文数码代字[J]. 民族语文，1982（3）：6.

（3）藏文数码代字样品

64580115901338 7130439 418980411

ཡུས་ ཀུང་ གིས་ རི་ བོ་ སྤོས་ པ

yus kung gis ri bo spos pa

愚公　　山　移

愚公移山

55590138115 14815071230721 "64580115901338 7130439 418980411" 62760 4325

ཀྲུང་ གོའི་ སྔ་ རབས་ ལ་ ཡུས་ ཀུང་ གིས་ རི་ བོ་ སྤོས་ པ་ ཟེར་ བའི་

krung gohi snga rabs la "yus kung gis ri bo spos pa" zer bahi

中　国　古　时候　　愚公　　山　移　　叫　作

中国古代有一个叫"愚公移山"的故事，

31114017652 2131 64920411 7172 3385 3419 6276064180721 148150 07123

གཏམ་ རྒྱུད་ ཅིག་ ཡོད་ པ་ རེད། དེའི་ ནང་ ཟེར་ ཡས་ ལ་ སྔ་ རབས

gtam rgyud cig yod pa red/ dehi nang zer yas la snga rabs

故　事　一　有　　　那　里面　说　（在）古　时候

故事中说古时候

891104185 64570721 271907145 645801159 627604325 443 136220 01291

ད་ དེའི་ ཡུལ་ ལ་ བྱང་ རིའི་ ཡུས་ ཀུང་ ཟེར་ བའི་ མི་ རྒན་ ཁོག

hwa pehi yul la byang rihi yus kung zer bahi mi rgan khog

华　北　地　方　北　山　愚公　称　作　老　人[1]

在华北北山住有一位称作愚公的老人，

2131 64920411 7172 128115 163401388115 8179502681110721 7130439 22820419

ཅིག་ ཡོད་ པ་ རེད། ཁོའི་ ཁྱིམ་ སྒོའི་ ལྷོ་ ཕྱོགས་ ལ་ རི་ བོ་ ཆེན་ པོ

cig yod pa red/ khohi khyim sgohi lho phyogs la ri bo chen po

一　有　　他的　家　门的　南　面　山　大

在他家门口的南面，

24138 649204118 1290528115 5759507214 11311 338312 64920411 7172 7130439

གཉིས་ ཡོད་ པས་ བོ་ ཆེའི་ འགྲོ་ ལམས་ བཀག་ བཟུང་ ཡོད་ པ་ རེད་ རི་ བོ

_____

①此处排印有误，应是"人老"。因为在藏文中 མི mi 是人，རྒན rgan 是老。

gnyis yod　pas　kho tshohi　hgro lam　　bkag bsdad　yod　pa　red　ri　bo

二　有　　他　们的　去　路　挡　着　有　　　山

有两座大山挡住他们出门的路。

211310133　14390721　321063708119　3319　211310133　44390721　541905450635

གཅིག་ གི་ མིང་ ལ་ ཐའེ་ ཧང་ དང་ གཅིག་ གི་ མིང་ ལ་ ཝང་ ཝུ

gcig　gi　ming　la　thahi　hang dang/　gcig　gi　ming la　wang　wu

一　　名　太　　行　和　一　　名　王　屋

一座叫太行山，另一座叫王屋山。

6276　64580115901338　71190133　435034624　56320　3418　7130439　22820419　331

ཟེར་ ཡུས་ ཀུང་གིས་ རང་ གི་ བུ་ རྣམས་ ཁྲིད་ ནས་ རི་ བོ་ ཆེན་ པོ་ དེ

zer/　yus　kunggis　rang　gi　bu　rnams khrid　nas　ri　bo　chen　po　de

叫　愚　公　　自己 的 儿子们　将　　山　大

愚公和儿孙们用锄头挖两座大山，

24138　2359601338　1169803418　44720411　623950　017665　748403211　213120411

གཉིས་ འཆོར་ གིས་ རྐོས་ ནས་ མེད་ པ་ བཟོ་ རྒྱུའི་ སེམས་ ཐག་ བཅད་ པ

gnis　hjor　gis　rkos　nas　med　pa　bzo　rgyuhi　sems　thag bcad　pa

二　锄头　挖　　消灭 做　　　决　心

决心消灭两座大山。

7172　337　55307490635　627604325　443　13622011291　213101338　3249903418

རེད་ དེ་ ཀྲི་ སོཧུ་ ཟེར་ བའི་ མི་ རྒན་ ཁོག་ ཅིག་ གིས་ མཐོང་ ནས

red/　de　kri　sohu　zer　bahi　mi　rgan　khog　cig　gis　mthong nas

智　叟 叫　　人老头　一　　看　见

有一位叫智叟的老人看见了，

13120449　739603418　73312064180721　169205298　337037515　22720411　337

གད་ མོ་ ཤོར་ ནས་ བཤད་ ཡས་ ལ་ ཁྱོད་ ཚོས་ དེ་ འདྲ་ བྱེད་ པ་ དེ

gad　mod shor　nas　bshad yas　la khyod　tshos de　hdra　byed　pa　de

笑　　　说　　　你　们 这　样 做

13982031621　52103211022920411　7172

བྱེན་ ཅུགས་ ཚ་ ཁག་ ཆོད་ པ་ རེད

glen   rtags tsha   thag   chod pa   red/
愚　　蠢①

以上藏文数码代字样品由四部分组成：①藏文数码代字；②藏文；③拉丁字母拼藏文；④汉文。这篇样品文用两套方案完成，即有早先的"拉丁字母方案"和现在的"数码代字方案"。这样的布局，让人一看便知此套数码代字方案是数字化、简洁化、现代化和科学化的语言特点，具有简洁、明朗、系统和固定的特性，突显语言文字数字化的现代科学。因此说，此套方案是一套理论系统和实践相结合的成果。同时，实现了于道泉 "……只空口讲道理，恐怕不容易将人说服。只有做一些实际的试验，将试验的结果摆在人的面前，方能使人信服"②的构想。张连生曾说："于道泉设计的藏文数码代字是近年藏文信息处理现代化工作中的重要成绩。"③，张连生先生受到此套方案的启发，并在于道泉的支持和鼓励下，以此为基础，继续探索研究，设计出藏文计算机号码代字方案，把藏文数码代字的研究向前推进了一步。此套代字方案的八位数系统，较节省内存，在计算机八进制的机器语言中正好占一个信息组（byte），在十六进制中，仅占三位数。毋庸置疑，于道泉是最早将藏语文推向机器语言革命进程的人，即今天我们所说的计算机语言编程工程师。

另外，此套方案还应用于其他语文，如于道泉所说："用藏文字母、拉丁字母和数码代字转写梵文的方式和规则，笔者另有文章介绍。"④实际上，此套方案不仅仅适用于藏文和梵文的转写，也适用于汉文的转写，如1982年8月，第十五届国际汉藏语言学会在北京召开时，于道泉提交《数码字简表：数码字与罗马字对照表》一文，他所设计的数码代音字拼读汉文和藏文的规则，并且附以《跟随毛主席长征》和《在井冈山打游击》两篇范文样品，作为此理论方案的成果。更有世交戚友张默生先生用此套方案给于道泉写了一封信，把这套方案应用于现实生活之中，故而不可否认这套方案也是应用语言学的一个分支。因此，王尧曾认为它是一套既有理论系统又有实践的成果，并对它进行了评述。由此，我们知道此套系统理论能适用于藏文、汉文和梵文，它的基本理论和原则同样适用于其他语言文字。文字数字化是于道泉在语言学研究领域的突破点之一，是他开启了藏语计算机语言的序幕。

———————

① 于道泉. 藏文数码代字[J] 民族语文，1982（3）：7.
② 依据1956年《中央民族学院院刊》刊发的《谈谈翻译机械化》一文。
③ 张连生. 藏文号码代字及其计算机排索[J]. 语言研究，1983（2）：35.
④ 于道泉. 藏文数码代字[J]. 民族语文，1982（3）：6.

三、语言观

语言是思维，是思想交流的工具，是信息的载体，是社会生产力发展和进步的产物。于道泉对语言学习和研究近一个世纪，尤其是进北京接受语言学学习和训练之后，在长期的语言学理论和实践中慢慢地形成自己的观点。他曾说："我们要使正在生长起来的一代人，每个人的能力和政治文化水平都赶上或超过世界最文明国家每个人的能力和政治文化水平。"[1]可见，于道泉对中国语言文字的发展寄予希望，现在我们再次对于道泉的语言观作如下分析。

（一）简捷化

简捷化，亦称简捷观，即于道泉对语言的追求目标是简洁、简便和简捷。我们从语音和文字两方面展开讨论。

（1）语音语调。前面提过，于道泉在中央研究院历史语言研究所工作时，接受过语音学方面的理论学习和记音录音训练，其过程在此不赘述。我们只谈谈他在语音语调方面追求简捷性的相关情况。从刊出的第一部语言学著作《第六代达赖喇嘛仓洋嘉错情歌》中可知，于道泉和赵元任最早用现代语言学方法合作研究藏语语音。如记音说明中所讲的字母式声调符号：

> 字母式声调符号：字母式声调符号以一个竖线为比较线，高度跟a，n等短字母一样，全高分四等分，因而得低、半低、中、半高、高五点，称为1，2，3，4，5。竖线旁边就画简单化的时间音高曲线（skeleton time-pitch curve）代表声调，调类（toneme）的曲线画在竖线的左边，临时的调值（tone value）画在右边，例如低中低的升降式低调类画作k'a꜒，这类的字假如临时读作从半低到半高的升调就加上一个号，写作k'a꜒，意思就是说这个字单念是꜒[2]，而在这一句临时变为꜔调。称述调类的时候用数字代表高低用两竖点"："代表竖线，例如上述꜒类写作"131："，调值就写作"：24"。

从用国际音标标调来看，他们首次创制了"四段五点式符号"进行标音记音：1꜖，2꜕，3꜔，41，51。把复杂动态的藏语语音语调记录下来。从标音的调值发现，藏

语调值由一个高调53ʯ和一个低调131ʮ或更近一点231再次细分为8个调值，即　，」，

ꟷ，ꟷ，　，　，　，　　等。他们首次将藏语语音（拉萨方言）作了分类标调，使其简捷化，但是也还比较复杂，而面对安多藏语这些调值符号似乎也发挥不了多大作用。显然，作为一种语言研究方式此套调值符号在语言学界有标杆的作用，确实是难能可贵的，但是其书写和标调的简捷性能未达到理想的状态，在实际生活中应用仍然不简便快捷。

因此，1949年于道泉回国后就和季羡林在北京大学东方语文系组建藏语专业，着手藏语研究。1951年北京大学的马学良先生调到中央民族学院民族语言文系任教，于道泉和马学良两位先生以及藏语组的其他老师一起把藏语革新向前推进，把原来的罗马字母和拉丁字母转写改为大家所熟悉的汉语拼音字母转写，特别是将原来的调值也作了相应的调整：采用 f 表示高平调55[˥]，v 表示低升调13[ʮ]，h 表示高降调51[˥˩]，w 表示低降调132[ʮ]。另外，不标表示轻声。并以[注]的形式分列出4条进行相关变调说明。这套藏语拼音符号从1951年试行，几经修改，到1960年才基本定型，直到1983年于道泉在《藏汉对照拉萨口语词典》出版时，才正式与广大的读者见面。

这套藏语调值符号的简捷性与实用性经过多次试验，反复论证，历时三十多年，最终才确定下来，一直沿用至今。语言是动态发展的，它也会随着社会进步和科技的发展而发生变化。它只能是在某一段时期内是相对稳定的，而我们往往就是对一定时期的语音语调进行研究。

（2）文字符号。藏文自从吐蕃赞普墀祖德赞（热巴巾，汉文文献《唐书》亦记他为可黎可足）时，汇集藏、印等著名译师，专设译场，统一译名，规定译例，校订旧译经典，新译显密经典，进一步对藏文进行规范。藏史称此为第二次厘定规范。这次规范中形成的藏文结构、拼写规则、创造新词语、表达新概念的规则至今一千多年未变。由此可见，藏文的生命力是何等强大！

于道泉致力于西藏文研究后，试图使用现代语言学理论和方法对藏文转写进行探索性研究，并有了一些想法。尤其是他进入国立中央研究院历史语言研究所担任助理研究员之后，接受赵元任、李方桂、罗常培等老一辈语言学家的语言学理论培养和训练。特别是和赵元任合作研究《第六代达赖喇嘛仓洋嘉错情歌》的过程中，于道泉对用藏文和藏文语音相结合来进行对勘研究藏文典籍取得很大的成效。如[译文注释]举例：

（49）2据贝尔氏说琼结（chung-rgyal）乃第五代达赖生地，但是他却没有说是什么地方。据西藏人说是在拉萨东南，约有两天的路程。我以为它或者就是

hPhyong-rgyas（达斯氏字典第852页），因为这两字在拉萨方言中读音是相似的。①

以上资料证明了于道泉以应用的具体语篇和语境对藏文进行对勘考证。通过藏文和藏文语音相结合的对勘考证，于道泉探知藏文的拼写和藏文的语音并非是"一对一"的，而是极其复杂的，容易造成误解。因此，为了体现研究《第六代达赖喇嘛仓洋嘉错情歌》的严谨性和科学性，在与赵元任合作研究《第六代达赖喇嘛仓洋嘉错情歌》时，他们采取：①藏文；②国际音标；③单字汉译；④汉文译文；⑤罗马字拼藏文；⑥藏语罗马字；⑦单字英译；⑧英文译文等形式。他们将藏文、藏语音、罗马字转写藏文三位一体结合，但是从⑤罗马字拼藏文和⑥藏语罗马字看出都用罗马字转写藏文藏语的功能，怎样能将二者合二为一应是于道泉下一步努力的方向。

（二）大众化

作为一位国际共产主义战士和忠诚的中国共产党党员，于道泉的语言观受到了马克思主义语言观的影响。马克思曾说过："语言的创造不是为了满足某一个阶级的需要，而是为了满足全社会的需要，满足社会所有各个阶级的需要。正是因为如此，所以创造出来的语言是全民的语言，对于社会是统一的，对于社会所有组成员是共同的。因此，语言作为人们交际工具的服务作用，不是替一个阶级服务而损害另一些阶级，而是一视同仁地替全社会服务、替社会所有各阶级服务。"②

马克思认为语言是人民大众的语言，是为人民大众服务的语言。于道泉秉承马克思主义语言观并贯穿于所从事的语言学研究之中。

1924年于道泉加入中国共产党以后，有了共产主义信仰，更坚定了马克思主义语言观。故而，他在翻译《第六代达赖喇嘛仓洋嘉错情歌》时，所采用的语言是白话文而非文言文。可以说用白话文翻译此首诗歌也是其最大的特色之一。我们比较第一首诗歌的语言：

在东边的山尖上，白亮的月儿出来了。"未生娘"底脸儿，在心中已渐渐地显现（于道泉译）。

心头影事幻重重，化作佳人绝代容，恰似东山山上月，轻轻走出最高峰（曾缄译）。

明月何玲珑，初出东山上，少女面庞儿，油然萦怀想（刘希武译）。

①白林海.于道泉本〈仓洋嘉错情歌〉的注释方法及学术意义[J].西藏民族大学学报，2017（01）：136-137.

②斯大林.马克思主义与语言学问题[M].北京：人民出版社，1957：4.

我们可以看出三位译者的语言：于道泉采用现代白话文无韵诗体；曾缄采用文言七言旧体诗；刘希武采用文言五言旧体诗。通过比较我们知道于道泉的文本语言较为平实、自然、简洁、通俗、易懂，而曾缄和刘希武的文本语言较为文雅而难懂。若是从纵向比较，那么1924年左右于道泉的文本语言还是受到中国文言文的影响较大。如他翻译的《世界地理之改造》：

大战结果，日本已变为亚洲之主要强国，当战事初起时，日本之势力仅限于扶桑数岛及朝鲜等处而已。此次大战，实予以扩张之机，现赤道以北之旧德属太平洋岛屿，已由国际联盟委其代管。此等新得土地之重要，非可以面积计，而当以军事上及经济上之价值论之也。[①]

从以上文本语言看，于道泉已从中国旧体文言文向现代白话文转变，文本表述语言既准确精练又通俗易懂，使其文本不仅仅是研究所用参考之工具书，更是适合于广大读者的史学读物。

诚然，于道泉注重语言大众化是一个渐进的过程。其中，在国外留学进修时，他的语言大众化的思想更为成熟。同时，还将反映中国现代语言文学的语言文本翻译成外语。特别是回国之后，他在担任中央人民广播电台藏语栏目组藏语翻译工作时，把推广藏语大众化作为试行他的语言思想目标之一。当出现许多新名词术语时，他就和几位藏族工作者反复斟酌、讨论后，才确定用相应的词汇来作为藏语语言推行，使广大的藏族同胞能听得懂。如马克思所说：

语言主要是它的词汇，是处在差不多不断改变的状态中。工业和农业的不断发展，商业和运输业的不断发展，技术和科学的不断发展，就要求语言用工作需要的新的词和新的语来充实他的词汇。语言也就直接反映这种需要，用新的词充实自己的词汇，并改进自己的文法构造。[②]

这段话反映出在社会的进步和社会生产力的发展过程之中，需要新词和新语来满

---

① 卜赖尔.世界地理之改造（World Remapped）[M].于道泉，马绍良，译.上海：商务印书馆，1925：80.

② 斯大林.马克思主义与语言学问题[M].北京：人民出版社，1957：8.

足人们在社会劳动生活中的需要，为了满足这些需要甚至改进源语言中的文法结构，就要充分保证这些新词汇在语言文化环境中大众化。如"政协""革命""民主"等反映新社会、新事物的新词汇就逐渐在藏区推广开来。

当然，语言的大众化程度有多大，主要取决于其语言在交际功能中应用的程度，受众面的大小。马克思曾说：

> 语言作为交际的工具从来就是并且现在还是对社会是统一的，对社会的所有组成员是共同的。①

于道泉践行了马克思的观点。《藏汉对照拉萨口语词典》初步实现了依据藏语方言特点达到科学化、普及化、大众化和口语化的目标，而藏语文的现代化将随着计算机工程的开发与应用得以实现。

于道泉在语言学研究中受到马克思主义语言学思想的影响，并结合实际语境有所发展，他的语言观具体表现为：简捷化、科学化、现代化、大众化和口语化。总之，于道泉认为语言是大众的语言，以为大众服务、为社会服务为宗旨。这也充分体现了马克思主义语言哲学思想和语言社会实践论，它将随着人类社会的发展而发展，随着人类社会的进步而进步。

第二节　翻译研究

纽马克、奈达等国外著名翻译理论家认为翻译理论研究是语言学研究的分支之一，属于应用语言学范畴。苏联著名学者科米萨洛夫则把翻译学叫作翻译语言学。而于道泉自20世纪20年代起就从事翻译语言学工作，涉及多语种的笔译和口译。译著虽不多，但皆为精品，这些译著精品在现代中国翻译史上具有一定的典范作用。

一、翻译研究分期评述

由于于道泉从事翻译工作长达七十余年，所以我们将于道泉的翻译工作划分为三个时期进行梳理分析及评述

（1）第一个时期（1920—1934年），这一时期是于道泉开始从事翻译工作的时

---

①斯大林.马克思主义与语言学问题：第3版[M].北京：人民出版社，1953：19-10.

期，也是他尝试多语种翻译的时期。以于道泉在《谈谈翻译机械化》一文中所言为证。

> 我过去曾有两个时期做过翻译工作。第一个时期是在三十多年以前。那时我才二十来岁，还在济南齐鲁大学读书。因为在报章杂志上看到了鲁迅、钱玄同、周作人和胡愈之等宣传世界语的文章，我乃利用课余的时间，费了五六个月的功夫把世界语学会了。以后我便把许地山（落华生）的《空山灵雨》译成了世界语，寄到胡愈之先生在上海所主编的世界语刊物《绿光》去，居然被登了出来。胡愈之先生并来信说我选择的翻译对象很好，因为许地山的文章，都是很富有东方色彩的作品，应该利用世界语介绍给西方友人。他说我翻译的文字也很通顺，鼓励我继续做这样的翻译工作。但是不久以后我便到北京来学习藏文，世界语的翻译工作没有能继续下去。①

于道泉的翻译工作是把《空山灵雨》从汉语翻译为世界语开始的，且所涉及的翻译仅仅是笔译，而他所做的口译工作没有提到。

这一时期他还将《世界地理之改造》《馆藏诸佛菩萨圣像赞跋》从英语翻译为汉语；在学会藏文、梵文、蒙古文、满文等语言后，他的多语种对勘翻译作品有：《达赖喇嘛于根顿珠巴以前之转生》（藏、梵、汉三种文体对照翻译）（1930）、《第六代达赖喇嘛仓洋嘉错情歌》（藏、汉、英三种文体对照翻译）（1930）、《乾隆御译衍教经》（藏文原文、汉文译文和满文译文三种文体对照，附校勘记）（1931）、《译注明成祖遣使召宗喀巴纪事及宗喀巴复成祖书》（藏、汉两种文体翻译）（1935）等等。其中，最著名的应当是《第六代达赖喇嘛仓洋嘉错情歌》。

（2）第二个时期（1935—1949年）是于道泉在国外留学进修及工作时期。在国外期间，由于于道泉忙于进修学习和工作谋生，所以他的译著并不多。但他的译著文本却非常具有时代性、思想性和先进性。如于道泉所说：

> 第二个时期是在十几年前。那时候我在英国。有一位新闻记者鼓励我将当代中国的文学作品译为英文。我曾将解放区的小说，像赵树理的《李有才板话》等译为英文。在这个时期我对于怎样才能提高翻译工作效率的问题发生了很大的兴趣。②

---

① 据1956年《中央民族学院院刊》刊发的《谈谈翻译机械化》一文。
② 据1956年《中央民族学院院刊》刊发的《谈谈翻译机械化》一文。

这段话于道泉简要地介绍了他在第二个时期所作的翻译工作。实际上，他翻译的文本选择对象也不仅仅是当代中国的文学作品，语种也不只是汉语和英语。在第二个时期，翻译的语种涵盖汉语、藏语、英语、法语和德语。

（3）第三个时期（1950—1983年），归国之后的翻译工作。虽然在这一个时期他主要是培养藏学人才，但是并没有放弃翻译工作。相反，翻译的工作更加繁重了，在他的日记中几乎每天都谈到翻译这件事，一边编写藏语文教材，把藏文翻译为汉文，又将汉文翻译为藏文，甚至将法文和英文翻译为藏文，如1953年12月11日于道泉曾说："早饭后到办公室看了几篇苏联人学习英文和法文课本中的几篇课文，打算挑几篇翻成藏文"[1]；一边还要指导年轻学者做翻译工作，如1953年6月3日于道泉曾记录："今晚黄明信寄来了一份菩提学会翻译拉萨藏文字典的样张。问我对翻译的体例是否有意见。叫我下星期二以前送回。"[2]除此之外，他几乎每天都要翻译处理中央人民广播电台藏语栏目的大量稿件，遇到很多新兴科技词汇和专有名词词汇需要翻译处理。

> 许多新的名词术语每天在广播中会碰见，并要求用藏语播出去，于先生为此煞费脑筋。比如说"人民""解放""广播"这些每天使用频率很高的几个词也是颇费斟酌，经与几位藏族朋友反复讨论，方确定用mi-dmangs、bcing-Vgrol、Kun-Khyab glong-vphrin等藏语相应词语来翻译。因此，这个藏语广播稿，又几乎成了每日出版的《藏文信息报》，在北京藏人圈子里成了最受欢迎的读物，在推广新词术语方面起了很好的作用，如"政协""民主""革命""阶级"等等反映新社会、新事物的词语就逐渐在藏区推广开来。[3]

于道泉曾回忆说："那时，一位藏族友人阿旺顿珠告诉我，西藏上层听说解放军要进军西藏，都十分注意收听中央电台的广播，对藏语节目的每一句话都加以分析，然后做出判断，确定自己的立场和态度。当时，在西藏贵族中有较大影响的喜绕嘉措大师也曾为藏语广播撰稿，动员西藏贵族来北京看看，不要和英国人搞到一起。"[4]于道泉和他的团队所翻译的每一个词、每一句话都对团结藏族同胞和推动西藏和平解放

---

①据于道泉日记手稿。
②据于道泉日记手稿。
③王尧.平凡而伟大的学者：于道泉[M].石家庄：河北教育出版社，2001：350.
④张小平.雪域在召唤：世界屋脊见闻录[M].北京：民族出版社，1996：63.

和社会发展建设做出了贡献。

于道泉在翻译时很注意收集整理藏文词汇，日积月累。之前他收集了1万多藏文词条，于是他又着手编纂《藏汉对照拉萨口语词典》，这本双语口语词典就是藏汉翻译中的极品。

值得一提的是在这一时期，于道泉对翻译机械化问题着了迷。经过长期的翻译实践与思考，他认为翻译也该来一场革命，一改几千年来的传统翻译方式，用机械翻译代替手工翻译，把人类的双手从翻译工作中解放出来。他认为这样做不但提高了翻译工作的效率，而且可以从一种文字同时译成许多种文字。为此，1956年他在中央民族学院院刊上发表了《谈谈翻译机械化》一文，系统地阐述了他的翻译机械化的背景、立场、观点和方法。

这一时期于道泉在翻译研究上属于成熟时期，他主要是把自己多年从事翻译工作研究和实践的经验传递给弟子们，培养翻译工作的后来人。同时，思考翻译工作的革新，并将之提高到翻译机械化的高级层面，提出要实现一种语言文字同时译成多种语言文字的构想。

二、翻译研究实践评析

于道泉一生译介了许多优秀作品，此处仅选取他的具有较大社会影响力的译作《第六代达赖喇嘛仓洋嘉错情歌》（藏文原文、中英译文三体对照）进行评析。试图通过译文片段的分析，从微观的视角探讨译者的方法、策略及其语言风格等，从宏观的角度探讨译者的翻译目的、翻译原则、文本选择等，总结于道泉翻译实践的特点。

（一）译作内容介绍

《第六代达赖喇嘛仓洋嘉错情歌》一书在编排上很讲究，很有参考价值。目次编排如下：译者序；译者序（英文）；书中"＊"（星号）用法说明；目录；记音说明；译者小引；小引附注；记音说明（英文）；译者小引（英文）；小引附注（英文）；情歌正文（①藏文。②国际音标。③单字汉译。④汉文译文。⑤罗马字拼藏文。⑥藏语罗马字。⑦单字英译。⑧英文译文。）；译文附注；附录；译文附注（英文）；藏文校勘记（英文）；读音变化说明（英文）；达斯氏藏英字典中未载之字（英文）；附录（英文）。主要讲述高僧仓洋嘉错被选为"后备"黄教喇嘛教主转世灵童送到寺庙学经，十五岁"坐床"受戒，坐上了黄教喇嘛教主之位，但其不习惯教规的约束和第司、桑结嘉措的管控，常常犯戒，夜间化名到拉萨街头饮酒作乐，结识他的情人。由于教规、世俗和政治斗争环境的约束，他不便于公开自己的身份给他心爱的情人。

所以，从空间和时间上撕裂了他和情人的联系，于是他把他的那种相思相恋化作歌而唱，形成传世之作。《第六代达赖嘛仓洋嘉错情歌》基于拉萨木刻板54首，其次据达斯版本补充到61首，最后是拉萨友人说至少还有一首："第一最好不相见，如此便可不致相恋。第二最好是不相识，如此便可不用相思。"最终收录了62首仓洋嘉错情歌，并翻译为汉、英两种文体，附上赵元任藏语语音标音，在中央研究院历史语言研究所出版。当时轰动了国内外藏学界，其社会影响不言而喻。此书是藏语文领域中语言学、语音学、词汇学、文学、对勘学、考据学等诸多方面的集成。

（二）译文选析

第一首情歌[①]

1-1

（1）ཤར་ཕྱོགས་རི་བོའི་རྩེ་ནས།　　（2）དཀར་གསལ་ཟླ་བ་ཤར་བྱུང་།

（3）མ་སྐྱེས་ཨ་མའི་ཞལ་རས།　　（4）ཡིད་ལ་འཁོར་འཁོར་བྱས་བྱུང་།

1-2

（1）ɕaɹ˥tɕoktɹ ɹi wøˀtseˀɕaɹ˥naɭ

（2）kaɹ˥selˀ˥taˀ˥wa˥ɕaoɹ˥tɕ'uŋ˥ɭ

（3）maˌte˥ ʔaˀme˥ɕel*˥ɭɹaˀɭ

（4）jiˀla(ə)ˀk'oɹ˥k'oɹ˥tɕ'eˀɭɭa˥ɭtɕ'uŋ˥ɭ

1-3

（1）①东　②方　③④山的　⑤尖　⑥从

（2）①白　②亮　③④月　⑤出现　⑥了

（3）①未　②生　③④娘的　⑤⑥脸

（4）①心　②在　③形成　④形成　⑤作　⑥了

1-4

（1）从东边的山尖上，

（2）白亮的月儿出来了。

（3）[未生娘]的脸儿，

（4）在心中已渐渐地显现。

---

①据国立中央研究院历史语言研究所单刊甲种之五《第六代达赖喇嘛仓洋嘉错情歌》。

1—5

(1) shar phyogs ri bohi rtse nas

(2) dkar gsal zla ba shar byung

(3) Ma skyes a mahi zhi zhal ras

(4) Yid la hkhor hkhor byas byung

1—6

(1) sharchok riwoe tze nae

(2) garsel dahwa sharchunq

(3) madye amae shellrae

(3) yi la korkor chaeh chunq

1—7

(1) ①east   ②side   ③④mountain   ⑤peak   ⑥from

(2) ①white   ②bright   ③④moon   ⑤appear   ⑥has... ed

(3) ①not   ②born   ③④mother's   ⑤⑥face(hon.)

(4) ①mind   ②in   ③to be formed   ④to be formed   ⑤been   ⑥has

1—8

(1) From the mountain peaks in the east,

(2) The silvery moon has peeped out.

(3) And the face of that young maiden,

(4) Has gradually appeared in my mind.

这首诗的翻译有如下特点：①原语与目标语的对应词汇选择考究；②词汇义项准确；③句意的时空性与整首歌的意象表征恰到好处，做到忠实、等值和传神三者统一，如"未生娘"的翻译。而英文young maiden是否能传达直白 not born mother的英文字面意思？这里采取了用忠实的字词"逐字对译"进行直译，然后根据语篇再次选词择义用maiden，试图还原语言时代相近的词汇，而maiden在整个语境中还缺少那么一点活力，便在maiden之前加限定词young进行意译。第2和第4句采用现在完成时态，也就是要有一个结果，将"月""月亮""月儿"三个词汇进行对比，再三斟酌，最终选用"月儿"这么一个亲切而活泼的词语，就使一个活泼可爱的姑娘出现在眼前，也基本能表达藏文 མ་སྐྱེས་ཨ་མ 之意。采用比兴的手法将"山尖""月儿"与"未生娘"连在一起，把整个情景与人物活灵活现地展现了出来。Nord曾经指出要使目的语读者获得原文的功能或相似的功能，在目标语境中再现原文语境中的功能，发挥原文相应的效果。在形式上他并没有把藏文情歌"ABAB"格式保留并传达出来，而是采用"神"似而"形"不似或者"形"散而"神"不散的方式自由地表达出来。英文译文也没有采用"ABAB"式，而采用无韵诗体表现出来。犹如傅雷先生所言："以效果而论，翻译应当像临画一样，所求的不在形似而在神似。"总之，其译文具有如下特点：选词考究，选义准确，译文忠实等值，译语传神，人物形象活泼生动。

第五十八首

58-1

（1）ཤྱང་མ་བྱི་འུར་སེམས་ཤོར།　　　（2）བྱི་འུ་ཤྱང་མར་སེམས་ཤོར།

（3）སེམས་ཤོར་མཐུན་པ་བྱུང་ན།　　　（4）ཁྱ་ཁུ་ཐོར་པས་མི་ཐུབ།

58-2

（1）tɕaŋˈmaˈ tɕ'iˈ wuˌrˈ semˈ ɕoˌrˈ

（2）tɕ'iˈ wuˈ tɕaŋˈ maˌrˈ semˈ ɕoˌrˈ

（3）3se（ɿ）mˈ ɕoˌrˈ t'yn（m）p（b）a（ə）ˈ tɕ'uŋˌ wˈ na（e）ˈ

（4）taˈ tʂ'aˈ h（χ）oˌrˈ pɛˈ mi t(ᵒ)upˈ

58-3

（1）①②柳树　　③④小鸟　　⑤⑥爱上了

（2）①②小鸟　　③④柳树　　⑤⑥爱上了

（3）①②爱上了　③④和谐　　⑤是　　　　⑥若

（4）①灰色?　　②鹰　　　③④鹰　　　⑤不　　⑥ 能

58-4

（1）柳树爱上了小鸟，

（2）小鸟爱上了柳树。

（3）若[两人]爱情和谐，

（4）鹰即无隙可乘。

58-5

（1）lcang ma byi hur sems shor

（2）byi hu lcang mar sems shor

（3）sems shor mthun pa byung na

(4) skya khra xor pas mi thud

58—6

(1) jangma chihwur sem shor

(2) byi hu lcang mar sems shor

(3) sems shor mthun pa byung na

(4) dyatra horbae mi tup

58—7

(1) ①②willow　　　　③④in the small bird　　⑤mind　　⑥lost

(2) ①②small bird　　③④in the willow　　　⑤mind　　⑥lost

(3) ①mind　　②lost　　③④harmoniously　　⑤become　　⑥if

(4) ①grey?　　② falcon　　③④ hawk　　　⑤not　　⑥able

58—8

(1) The willow fell in love with the small bird,

(2) The small bird fell in love with the willow.

(3) If [they] love [each other] in harmony,

(4) The hawk will be unable [to get a chance].

这首情歌与第一首对比，选词对译中没有变化，选词对译是依照藏文原文语言顺序进行词与词对译。然而，在译文中不但依照目标语的语言顺序翻译，而且还多了方括号，里面的词汇在选词对译中没有出现，这就体现了翻译的灵活性。翻译不拘泥于某一形式，目的是保证翻译语言的流畅性，既保持原作的忠实性（直译），又达到展现原作的流畅性（意译），以实现表达语言的多样化。同时，再现这首诗中的哲理精神原貌。就像鲁迅所言："凡是翻译，必须兼顾着两面，一当然力求其易解，二则保存着原作的丰姿。"尤其是英文译文体现该首情歌的哲理性、灵活性、流畅性和忠实性。简而言之，其特点为十二个字："译笔灵活，语言流畅，可读性强。"

第六十二首

62—1

(1) དང་པོ་མ་མཐོང་མ་མཆོག་པ་

(2) སེམས་པ་ཕོར་དོན་མི་འདུག

(3) གཉིས་པ་ས་འཛིན་མཆོག་པ་

(4) སེམས་འཇང་ལས་དོན་མི་འདུག

62—2

(1) t'aŋ↘ᒋ p(b)oᒋ maᒋt'oŋᒋ tɕ'okᒋka(ə)ᒋ

(2) se(ι)mᒋpaᒋ ɕoᒋᒋt'(ᴄ)[n](ø̃)↘ mi(n)ᒋt(d)u[k]↙

(3) ɲi↘ᒋ p(b)ɑ(ə)ᒋ ma(é)ᒋ tʂ(ʣ)↘ tɕ'okᒋka(ə)ᒋ

(4) se(ι)mᒋtɕ(ʣ)ɑ↘ᒋ leᒋ⁽ᵃ⁾nᒋ↘ mi(n)ᒋt(d)u[k]↙

62—3

(1) ①②第一　　③不　　　　④见　　⑤⑥最好

(2) ①②心　　③丢失　　　④事　　⑤没　　　⑥有

(3) ①②第二　　③不　　　　④熟　　⑤⑥最好

(4) ①②心　　③忘在别处　④事　　⑤没　　　⑥有

62—4

(1) 第一最好是不[相]见，

(2) [如此便可]不致[相]恋。

(3) 第二最好是不[相]识，

(4) [如此便可]不用相思。

62—5

(1) dang po ma mthong mchog pa

(2) sems pa shor don mi hdug

(3) gnyis pa ma hdris mchog pa

(4) sems hjah las don mi hdug

62—6

(1) tanqbo matong chok-ka

(2) samba shorten mindukk

(3) nhyiba man dri chok-ka

(4) semjah laetoenn mindukk

62—7

(1) ①②first　　③not　　　　④see　　⑤⑥best

(2) ①②mind　　③lose　　　④affair　⑤⑥not　　⑥exist

(3) ①②second　③not　　　　④intimate　⑤⑥best

(4) ①②mind　　　③to be left　　④affair　　　⑤not　　　⑥exist

62-8

(1) In the first place it is best not to see,

(2) [Then there] is no chance to fall in love.

(3) In the second place it is best not to become intimate,

(4) [Then you will] not be for lorn [when you] miss.

我们都知道词与词对译只是对诗歌的表层理解，而表层理解告诉了整首诗的大致意象。本首情歌具有顺序性和哲理性，所以在深层理解时就沿着顺序性和哲理性展开。翻译时从选词对译到句篇都做了很大的调整，且调整之处都用方括号括起来，让读者明白此处是添加内容，目的是使读者吟唱起来，朗朗上口。又把藏文原文"ABAB"式，在汉译时转换成汉语较熟悉的"AABB"式。这种形式的转化使情歌节奏感明显增强，语气更亲切，感染力更强。英文译文仍然是使用无韵诗体。索朗旺姆发表文章《译者与译文：斋林·旺多、于道泉、G.W.Houston与仓央嘉措诗歌》总结于道泉译本（英文）的主要特点是多用直译的翻译方法。但是从这里我们看到的不仅仅是直译那么简单，而且译文传达了一种充满佛教的哲理思想——因缘，即因为相见，所以才相恋；因为相识，所以才相思。这首诗的翻译语言新鲜、语气亲切、时代感强、充满哲理性、富有感染力。

在译《第六代达赖喇嘛仓洋嘉错情歌》时，于道泉把他所追求达到的翻译效果在《译者小引》①中说得明白清楚，表明了他的译文观。于道泉对译文所追求的是达意、简洁和典雅。

（三）翻译策略

从以上的译例分析，我们发现于道泉在翻译实践工作中，偏重于意译。他曾说："余于翻译时凡藏名之有意可译者，皆用意译。"②由此可见，于先生很讲究顺适原则。首先是于道泉坚持翻译与研究相结合的方法，他的译本都做了序，序言也比较集中在缘起、过程和目标效果上，这为译文读者深入了解原文及相关背景提供了有效的帮助，尤其是在译文中附上大量的注释，带来了大量的知识背景，我们坚信译者已下足了功夫。其次，是重视表达语言，强调译文的可读性。于道泉对译言的执着是不言

---

①黄颢，吴碧云.仓央嘉措及其情歌研究（资料汇编）[M].北京：民族出版社，1981：39.

②于道泉.达赖喇嘛于根敦珠巴以前之转生[J].国立北平图书馆馆刊，1930（04）.

而喻的，使用文字十分考究。最后，于道泉注重选择译文文本的多语种比较翻译。就《情歌》来说，于道泉用的是三种语言文体，包含注释放在一起的策略影响很大，黄明信曾说过："我的《藏历的原理与实践》一书就是从于先生此文得到启发，将原文、译文、注释、研究内容放在一起发表的。"[①]

三、翻译观

于道泉一生都在翻译实践，翻译了大量民族文艺作品。同时，在翻译实践中逐渐形成了自己的翻译观，即顺适。我们可称之为顺适原则，而于道泉称之为翻译合理化方案。

（一）翻译文本的选择

作为一个翻译家，于道泉一直根据社会发展的需求和个人能力从事翻译工作，也就是遵循文本选择顺势发展原则。如，1922年他将许地山的《空山灵雨》译为世界语，让国内外懂世界语的人了解中国新社会的新文化、新思潮、新文学；在齐鲁大学上学时，他所翻译的卜赖尔（R.Blair）的作品《世界地理之改造》顺适一战后国人对世界及世界形势了解的需求；1930年发表的《第六代达赖喇嘛仓洋嘉错情歌》让国内外学术界关注西藏，研究西藏。并且，汉译文多采用白话文的自由诗体，英译文则采用无韵诗体，便于在大众中传播。这样做不但顺适了原文的精神，且增强了大众对西藏文化的热爱。1945年将《李有才版话》和《小二黑结婚》翻译为法文，向欧洲人民宣传中国解放区的新生活、新文化；1951年主持中央人民广播电台藏语栏目组的稿件翻译和播音工作，把党中央的方针政策及时向藏区人民传播，尤其是在1954年参加将《中华人民共和国宪法》翻译为藏文的工作，顺适当时新中国社会法治建设与发展的需要。

（二）文本翻译的标准

我们都知道忠实原文精神是翻译作品的首要标准，但是也要适合译文文化语境的需要。因此，于道泉应用了翻译标准的顺适原则。从《第六代达赖喇嘛仓洋嘉错情歌》（藏文原文、汉英译文三体）看，字词的对照翻译就是忠实于原文的表层理解，但是从汉语语言文体译文和英语语言文体译文研究，各自的译文文体就不一致。可是，我们朗诵起来都能展现原文的风姿。因此，我们认为这就是译文所要达到的顺适

[①]白林海.于道泉本《仓央嘉措情歌》的注释方法及学术意义[J].西藏民族大学学报（哲学社会科学版），2017（01）：138.

标准。

（三）文本翻译的表达语言选择

于道泉在翻译文本时，向来注重表达语言的选择，从"达意、简洁和典雅"到后来追求的"顺适"，都是他在大量的翻译实践中摸索出来的。这种"顺适"是建立在对原文字词句篇的透彻理解之上，选择适合目的语的字词句篇的文本结构，让内容从字词里溢出，让精神从字词之间发扬。有时为一个词的翻译是否合理化而句斟字酌，于道泉竟多次和同事讨论。如1954年5月26日于道泉曾说："午前8—10校改字典。10—12同韩先生（韩镜清）看他的语法例句，我向他提的意见他差不多都接了。可是看到了一个ཨ་རྐྱང他译成了'不但'，我说应该译成'仅仅是'，他又坚持他的意见。为这个字又耽误了小半点钟。好在下午他经过考虑后还是接受了我的意见。"① 由此可见，于道泉对译语的选择，强调要在字里行间做足功夫，把译文要做到达意、简洁、典雅，增强在读者文化语境里的可读性。

（四）译文的风格

于道泉的翻译风格秉承了钢和泰男爵做学问的风格，严谨、准确、达意、简洁、典雅、风趣。语言格调要因作品而异，文体也因目的语言语境而异。值得关注的是，他开创了三种文体对照翻译的另一种风格，提出相关理论与实践，弥补了中国翻译史上的空白。

（五）译文的注释

于先生的翻译作品中以注释详尽而著称，注释涵盖了大量的知识信息，便于读者进一步了解原文。如：在《第六代达赖喇嘛仓洋嘉错情歌》中62首歌就有60多处注释，这些注释涵盖语音、字、词、句、篇，并且对注释中的相关内容还做了说明。可见，于道泉对于做注释的态度是认真的，犹如他所说："余所知之一二略加注释。"② 这样做，既便于读者阅读，又便于读者研究考证。也就是注释要顺适原文、译文和读者的原则或称顺适注释原则。

（六）翻译工作者的基本要求

基于长期从事翻译工作的实践经验，于道泉对翻译工作者提出一些建设性的意见，笔者从以下三方面阐释：第一，把翻译与研究结合起来。既要研究原作，又要研

---

①据1954年于道泉日记手稿。
②王尧.平凡而伟大的学者：于道泉[M].石家庄：河北教育出版社，2001：225.

究原作家和原时代背景。于道泉认为在动手翻译之前应对原作品仔细阅读，认真考证，融会贯通于一体。同时，要充分了解与原作有关的背景知识，了解原作者的相关生平和思想，对原作品内容掌握做到"博、精、深"，有助于将原作的精神实质与译作精神对接。第二，建立自己的工具书库和良好的人际关系，于道泉向来注意工具书的收藏和应用，他认为世间最痛苦的事，莫过于在自己面前摆着许多自己非常想看的书，而又无法看懂；而使他最感幸福的就是，使自己得到一种便利条件，再经过一番努力之后，可以把自己这种痛苦解除，同时，也解决了别人有这一类的许多痛苦。毋庸置疑，他对建立自己的工具书库和发挥工具书的功能是很重视的。同时，他很重视建立良好的人际关系，从他的相关译著看，他的译著都征求相关专家进行修改、润色，如胡愈之、许地山、陈寅恪、赵元任、包南结喇嘛等。于道泉曾说过："余于校勘及翻译此文时，得先师包南结喇嘛（dge bshes ye shes rnam rgal）之力颇多。"[①]因此，我们认为良好的人际关系对于一个翻译工作者来说是不可或缺的。第三，端正劳动态度，不怕辛苦，认真求实。才学只是基础，积极的劳动态度才能造就大厦。如他在译《第六代达赖喇嘛仓洋嘉错情歌》时，住进雍和宫三番五次地向喇嘛们求教，又征求许地山、陈寅恪等上一辈学者的修订意见，才有这部传世之作。另外，如于道泉在翻译1953年12月9日人民日报刊登的《永远等着你》时，曾先后请 ཁ་བཟང་དབང་། 给改了一遍，又请 ཤག་རིན། 给改了一遍，还念一遍给 ཤ་ལ་རི། 听，才交译稿。[②]由此可证，只有端正的劳动态度，才有好的翻译作品。

综上所述，于道泉的翻译观点不但秉承了良好的师风，而且又源于自己长期的翻译实践。他的翻译理论在实践中得到了验证。他对自己的翻译理论和方法没有著书立说进行系统的介绍，但是他的翻译理论与方法却传授给他的弟子们，如著名藏学家王尧就秉承他的翻译理论和方法，翻译了大量的文献作品。因此，就于道泉在现代中国翻译理论与实践上所做出的贡献而论，尊称他为一代翻译家是理所应当的。

---

①王尧.平凡而伟大的学者：于道泉[M].石家庄：河北教育出版社，2001：263.
②据于道泉日记手稿。

参考文献

[1]陈燮章, 索文清, 陈乃文. 藏族史料集（一）[M]. 成都: 四川民族出版社, 1982.

[2]陈燮章, 索文清, 陈乃文. 藏族史料集（二）[M]. 成都: 四川民族出版社, 1983.

[3]陈燮章, 索文清, 陈乃文. 藏族史料集（三）[M]. 成都: 四川民族出版社, 1987.

[4]陈燮章, 索文清, 陈乃文. 藏族史料集（四）[M]. 成都: 四川民族出版社, 1993.

[5]《藏学研究丛刊》编委会. 藏学研究论丛: 第4辑[M]. 拉萨: 西藏人民出版社, 1992.

[6]冯蒸. 国外藏族研究概况[M]. 北京: 中国社会科学出版社, 1979.

[7]龚延明. 中国历代职官别名大辞典 [M]. 上海: 上海辞书出版社, 2006.

[8]贺文宣. 清朝驻藏大臣大事记[M]. 北京: 中国藏学出版社, 1993.

[9]黄颢, 吴碧云. 仓央嘉措及其情歌研究（资料汇编）[M]. 拉萨: 西藏人民出版社, 1982.

[10]山东省淄博市临淄区志编纂委员会. 临淄区志[M]. 北京: 国际文化出版公司, 1989.

[11]刘洪记, 孙雨志. 中国藏学论文资料索引[M]. 北京: 中国藏学出版社, 1999.

[12]刘源, 梁南元, 王德进, 等. 现代汉语常用词词频词典[M]. 北京: 宇航出版社, 1990.

[13]欧阳哲生. 傅斯年全集[M]. 长沙: 湖南教育出版社, 2003.

[14]齐鲁大学. 民国十年最近改正齐鲁大学章程[M]. 济南: 齐鲁大学, 1921.

[15]王汎森, 潘光哲, 吴政上. 傅斯年遗札[M]. 北京: 社会科学文献出版社, 2015.

[16]向红笳. 汉英–英汉藏学翻译词典[M]. 北京: 中国藏学出版社, 2011.

[17]许慎. 说文解字[M]. 北京: 中华书局, 1963.

[18]于道泉. 藏汉对照拉萨口语词典[M]. 北京: 民族出版社, 1983.

[19]中国藏学研究中心, 中国第一历史档案馆, 中国第二历史档案馆, 等. 元以来西藏地方与中央政府关系档案史料汇编[M]. 北京: 中国藏学出版社, 1994.

[20]张怡荪. 藏汉大辞典[M]. 北京: 民族出版社, 1985.

[21]中国大百科全书编委会. 中国大百科全书[M]. 北京: 中国大百科全书出版社,

2009.

[22]白化文. 承泽副墨[M]. 南京: 东南大学出版社, 2002.

[23]仓央嘉措, 阿旺伦珠达吉. 仓央嘉措情歌及秘传[M]. 庄晶, 译. 北京: 民族出版社, 1981.

[24]陈庆英. 陈庆英藏学论文集[M]. 北京: 中国藏学出版社, 2006.

[25]陈庆英. 历辈达赖喇嘛生平形象历史[M]. 北京: 中国藏学出版社, 2006.

[26]陈寅恪. 陈寅恪史學論文選集[M]. 上海: 上海古籍出版社, 1992.

[27]丹珠昂奔. 藏族文化发展史[M]. 兰州: 甘肃教育出版社, 2001.

[28]丹珠昂奔. 藏族文化志[M]. 上海: 上海人民出版社, 1998.

[29]杜永彬. 20世纪西藏奇僧: 人文主义先驱更敦群培大师评传[M]. 北京: 中国藏学出版社, 2000.

[30]方且. 中国共产党史纲[M]. 上海: 上海编译社, 1949.

[31]房玄龄. 晋书[M]. 北京: 中华书局, 1974.

[32]费孝通. 中华民族多元一体格局[M]. 北京: 中央民族学院出版社, 1989.

[33]格勒. 论藏族文化的起源、形成与周围民族的关系[M]. 广州: 中山大学出版社, 1988.

[34]格桑居冕. 实用藏文文法[M]. 成都: 四川民族出版社, 1987.

[35]郭大钧. 中国当代史（1949—2007）[M]. 北京: 北京师范大学出版社, 2011.

[36]国家图书馆. 哲人其萎 风范永存: 任继愈先生追思录[M]. 北京: 国家图书馆出版社, 2009.

[37]何瑜, 华立. 国耻备忘录: 中国近代史上的不平等条约[M]. 北京: 北京教育出版社, 1995.

[38]胡坦. 藏语研究文论[M]. 北京: 中国藏学出版社, 2002.

[39]黄颢, 吴碧云. 六世达赖喇嘛仓央嘉措诗意三百年[M]. 北京: 中国藏学出版社, 2011.

[40]黄建华, 陈楚祥. 双语词典学导论[M]. 北京: 商务印书馆, 1997.

[41]黄建华. 词典论[M]. 上海: 上海辞书出版社, 1987.

[42]李安宅. 李安宅藏学文论选[M]. 北京: 中国藏学出版社, 1992.

[43]李安宅, 于式玉. 李安宅、于式玉藏学文论选[M]. 北京: 中国藏学出版社, 2002.

[44]李安宅. 藏族宗教史之实地研究[M]. 上海: 上海世纪出版集团, 2005.

[45]李德启. 满文书籍联合目录[M]. 北平: 国立北平图书馆, 故宫博物院图书馆,

1933.

[46]李方桂,王启龙.莫话记略·水话研究[M].北京:清华大学出版社,2005.

[47]刘富华,孙炜.语言学通论[M].北京:北京语言大学出版社,2009.

[48]刘家驹.西藏政教史略[M].成都:中国边疆学会,1932.

[49]刘加云.诗经通译[M].南京:江苏人民出版社,2008.

[50]五世达赖喇嘛,刘立千.西藏王臣记[M].拉萨:西藏人民出版社,1992.

[51]刘彦君.梅兰芳传[M].石家庄:河北教育出版社,1996.

[52]龙仁青.六世达赖仓央嘉措情歌及秘史[M].西宁:青海人民出版社,2005.

[53]罗常培.唐五代西北方音[M].北京:科学出版社,1961.

[54]鲁迅.且介亭杂文二集[M].上海:鲁迅全集出版社,1948.

[55]鲁迅.鲁迅全集(第一卷)[M].北京:人民文学出版社,1981.

[56]马辉,苗欣宇.仓央嘉措诗传[M].南京:江苏文艺出版社,2009.

[57]马丽华.西藏文化旅人[M].北京:中国社会科学出版社,2002.

[581]汝信,易克信.当代中国社会科学手册[M].北京:社会科学文献出版社,1988.

[59]史金波.西藏人权研究[M].北京:中国藏学出版社,1999.

[60]山曼,李万鹏,姜文华,等.山东民俗[M].济南:山东友谊书社,1988.

[61]沈益洪.泰戈尔谈中国[M].杭州:浙江文艺出版社,2001.

[62]斯大林.马克思主义与语言学问题[M].北京:人民出版社,1953.

[63]斯琴.中央民族大学中国少数民族语言文学学科纵览[M].北京:民族出版社,2000.

[64]施宣圆,王有为,丁凤麟,等.中国文化辞典[M].上海:上海社会科学院出版社,1987.

[65]孙宜学.泰戈尔:中国之旅[M].北京:中央编译出版社,2013.

[66]沈永兴,世华.第二次世界大战实录[M].重庆:重庆出版社,2005.

[67]田兵,陈国华.英语高阶学习词典设计特征研究:兼及多义词的认知语义结构和义项特征[M].北京:科学出版社,2009.

[68]佟锦华.藏族古典文学[M].长春:吉林教育出版社,1989.

[69]王辅仁,陈庆英.蒙藏民族关系史略[M].北京:中国社会科学出版社,1985.

[70]王宏志.重释"信、达、雅":20世纪中国翻译研究[M].北京:清华大学出版社,2007.

[71]王辅仁.西藏佛教史略[M].西宁:青海人民出版社,1982.

[72]王嘉良,周健男.萧乾评传[M].北京:国际文化出版公司,1990.

[73]王觉非.欧洲五百年[M].北京:高等教育出版社,2000.

[74]王启龙,邓小咏.钢和泰学术评传[M].北京:北京大学出版社,2009.

[75]王启龙,阴海燕.中国藏学史(1950—2005)[M].北京:中国社会科学出版社,2013.

[76]王盛.许地山评传[M].南京:南京出版社,1989.

[77]王小甫.唐、吐蕃、大食政治关系史[M].北京:北京大学出版社,1992.

[78]王尧.平凡而伟大的学者:于道泉[M].石家庄:河北教育出版社,2001.

[79]王尧.贤者新宴[M].石家庄:河北教育出版社,2000.

[80]王尧,陈庆英.西藏历史文化辞典[M].拉萨:西藏人民出版社,1998.

[81]王尧,褚俊杰.宗喀巴评传[M].南京:南京大学出版社,1995.

[82]王尧,王启龙,邓小咏.中国藏学史(1949年前)[M].北京:民族出版社,2003.

[83]王尧.西藏文史探微集[M].北京:中国藏学出版社,2005.

[84]伍昆明.早期传教士进藏活动史[M].北京:中国藏学出版社,1992.

[85]喜饶尼玛,苏发祥.蒙藏委员会档案中的西藏事务[M].北京:中央民族大学出版社,2006.

[86]向达.唐代长安与西域文明[M].石家庄:河北教育出版社,2007.

[87]许广平.鲁迅书简[M].北京:人民文学出版社,1952.

[88]许地山.空山灵雨[M].北京:北京师范大学出版社,2012.

[89]许地山.许地山散文:鉴赏版[M].西安:太白文艺出版社,2013.

[90]许地山,周俟松,向云休.许地山[M].北京:人民文学出版社,1983.

[91]许钧,穆雷.翻译学概论[M].南京:译林出版社,2009.

[92]许渊冲.译笔生花[M].郑州:文心出版社,2005.

[93]许渊冲.翻译的艺术[M].北京:五洲传播出版社,2006.

[94]徐世财.西班牙通史[M].北京:世界知识出版社,2009.

[95]牙含章.达赖喇嘛传[M].北京:人民出版社,1984.

[96]杨福泉.纳西族与藏族历史关系研究[M].北京:民族出版社,2005.

[97]叶涛.山东民俗[M].兰州:甘肃人民出版社,2004.

[98]于式玉.于式玉藏区考察文集[M].北京:中国藏学出版社,1990.

[99]张默生.异行传[M].重庆:重庆出版社,1987.

[100]张世林.家学与师承:著名学者谈治学门径(第三卷)[M].桂林:广西师范大

学出版社, 2007.

[101]张小平. 雪域在召唤：世界屋脊见闻录[M]. 北京：民族出版社, 1966.

[102]张政. 计算机翻译研究[M]. 北京：清华大学出版社, 2006.

[103]张植荣. 国际关系与西藏问题[M]. 北京：旅游教育出版社, 1994.

[104]章宜华, 雍和明. 当代词典学[M]. 北京：商务印书馆, 2007.

[105]章宜华. 语义认知释义[M]. 上海：上海外语教育出版社, 2009.

[106]章宜华. 语义学与词典释义[M]. 上海：上海辞书出版社, 2002.

[107]赵新那, 黄培云. 赵元任年谱[M]. 北京：商务印书馆, 1998.

[108]赵元任, 袁毓林. 中国现代语言学的开拓和发展：赵元任语言学论文选[M]. 北京：清华大学出版社, 1992.

[109]中共中央文献研究室. 陈云年谱[M]. 北京：中央文献出版社, 2000.

[110]周伟洲. 英俄侵略我国西藏史略[M]. 西安：陕西人民出版社, 1984.

[111]周伟洲. 英国·俄国·中国西藏[M]. 北京：中国藏学出版社, 2000.

[112]朱文鑫. 史记天官书恒星图考略[M]. 上海：商务印书馆, 1927.

[113]朱绣, 吴均. 西藏六十年大事记[M]. 西宁：青海人民出版社, 1996.

[114]艾思博, 于道源. 无线电讲话[M]. 上海：商务印书馆, 1937.

[115]罗伯特·帕尔斯顿. 西洋现代史[M]. 陈美郡, 陈美如, 译. 北京：世界图书出版社, 2011.

[116]白林海. 论藏族成为跨界民族之成因[J]. 贵州民族研究, 2014(08).

[117]白林海. 于道泉本《仓洋嘉错情歌》的注释方法及学术意义[J]. 西藏民族大学学报, 2017(01).

[118]白明琦. 仓央嘉措诗歌特点及其成因[J]. 辽宁行政学院学报, 2011(06).

[119]柏云飞. 浅析两首仓央嘉措诗歌的法语翻译[J]. 法国研究, 2012(03).

[120]班丹. 琐议《仓央嘉措道歌》篇名、几首道歌译文及其他[J]. 西藏文学, 2005(5).

[121]包爱梅, 包和平. 现代少数民族语言辞书编纂出版特点及其存在的问题[J]. 图书馆理论与实践, 2010(11).

[122]包和平. 古代少数民族辞书的种类及其编纂使用特点[J]. 图书馆理论与实践, 2009(08).

[123]蔡永强. 对外汉语学习词典编纂的用户友好原则[J]. 辞书研究, 2011(02).

[124]陈晨, 陈小莹, 李永宏, 等. 《仓央嘉措情歌》的用词风格统计研究[J]. 西北民族大学学报（自然科学版）, 2009(01).

[125]陈晨,陈小莹,李永宏,等.论《仓央嘉措情歌》的艺术风格[J].语文学刊, 2009(7).

[126]陈立明.《仓央嘉措情歌》与门巴族藏族的文学交流[J].民族文学研究, 2003(01).

[127]次旦玉珍.试论《仓央嘉措情歌》之美[J].西藏大学学报(汉文版), 2001(01).

[128]戴庆厦,王远新.试论我国少数民族辞书的发展[J].民族研究,1985(04).

[129]当增扎西.现代藏文辞书的发展[J].中国藏学,2011(2).

[130]党彩娟.仓央嘉措情歌与藏族民歌之比较[J].重庆科技学院学报(社会科学版),2011(23).

[131]董颖红.《仓央嘉措情歌》用词特征分析[J].云南师范大学学报(哲学社会科学版),2006(05).

[132]冯玉雷.论当代诗歌创作对藏族古典诗歌的借鉴[J].兰州大学学报(社会科学版),2009(06).

[133]耿予方.藏学泰斗于道泉教授[J].民族教育研究,1994(02).

[134]郭弘.雪域天籁:六世达赖仓央嘉措及其情歌评述[J].甘肃社会科学, 1994(04).

[135]郭卫平.《仓央嘉措秘传》的真实性及其它[J].西藏民族学院学报,1985(02).

[136]胡秉之.论仓洋嘉错的情歌[J].西藏民族学院学报,1981(02).

[137]华侃.藏语辞书述略[J].西藏研究,1990(03).

[138]华侃.四十多年来藏语辞书的发展[J].辞书研究,1997(04).

[139]黄颢,吴碧云.六世达赖仓央嘉措生平考略[J].西藏研究,1981(3).

[140]贾拉森.试述六世达赖喇嘛仓央嘉措的心传弟子阿旺多尔济的生平事迹[J]. 西北民族研究,1999(01).

[141]贾拉森.有关《仓央嘉措传》的几个问题[J].西北民族大学学报(哲学会科学版),1984(03).

[142]瞿霭堂,劲松.《第六代达赖喇嘛仓央嘉措情歌》赵元任藏语记音解读[J].中国藏学,2010(03).

[143]蓝国华.仓央嘉措写作情歌真伪辨[J].西藏研究,2002(03).

[144]蓝国华.对近年来西藏文学体验式批评理论的反思:从仓央嘉措及其情歌研究说开去[J].西藏研究,2003(04).

[145]蓝国华.关于仓央嘉措及其情歌研究的六个问题[J].西藏艺术研究,2003(02).

[146]李清.自然意象与仓央嘉措《情歌》中的"味"[J].青海民族大学学报（社会科学版）,2012(03).

[147]李姝睿.不负如来不负卿:仓央嘉措的佛性与诗心[J].青海师范大学学报（哲学社会科学版）,2011(06).

[148]李学琴.仓洋嘉错生平初探:《仓洋嘉错秘史》简介[J].西藏民族学院学报,1980（03）.

[149]廖光耀.《仓央嘉措情歌》抒情探微[J].西藏民族学院学报（社会科学版）,1996(02).

[150]欧阳哲生.新学术的建构:以傅斯年《历史语言所工作报告》为中心的探讨[J].文史哲,2011(06).

[151]恰白·次旦平措,曹晓燕.谈谈与《仓央嘉措情歌》有关的几个历史事实[J].西藏民族学院学报（社会科学版）,1990(03).

[152]恰白·次旦平措,曹晓燕.谈谈与《仓央嘉措情歌》有关的几个历史事实[J].西藏民族学院学报（社会科学版）,1990(04).

[153]荣立宇.仓央嘉措及其诗歌研究二十年（1990—2011）[J].内蒙古大学学报（哲学社会科学版）,2012(05).

[154]荣立宇.十七年间（1949—1966）仓央嘉措诗歌在汉语文化圈中的译介[J].燕山大学学报（哲学社会科学版）,2014(02).

[155]荣立宇,刘斌斌.仓央嘉措诗歌在汉语文化圈中传播的流俗化[J].西北民族大学学报（哲学社会科学版）,2013(02).

[156]桑才让.试论仓央嘉措的宗教信仰问题[J].青海民族研究,1998(03).

[157]石羊.安多藏语口语词典[J].西北民族学院学报,1994(03).

[158]宋晓嵇.对仓央嘉措的点滴见解[J].西藏民族学院学报,1984(04).

[159]苏裕民.一部书作勾起的一段历史:仓央嘉措的坎坷[J].档案,2014(04).

[160]索朗旺姆.译者与译文:斋林·旺多、于道泉、G. W. Houston与《仓央嘉措诗歌》[J].西藏大学学报（社会科学版）,2012(3).

[161]谈士杰.《仓央嘉措情歌》翻译出版与研究述评概况[J].民族文学研究,1989(02).

[162]王尧.介绍《藏汉对照拉萨口语词典》及其主编于道泉教授[J].辞书研究,1985(03).